Arbeitsrecht

Leitfaden für Führungskräfte

Dr. Björn Gaul
Björn Otto

STS Verlag

Die Deutsche Bibliothek – CIP-Einheitsaufnahme

Gaul, Björn:
Arbeitsrecht : Leitfaden für Führungskräfte / Björn Gaul ; Björn, Otto. –
Planegg : STS-Verl., 2000
(STS-TaschenGuides)
ISBN 3-86027-266-7

ISBN 3-86027-266-7
Bestell-Nr. 00858-0001

Postanschrift: Postfach 13 63, 82142 Planegg
Hausanschrift: Fraunhoferstraße 5, 82152 Planegg
Fon (0 89) 8 95 17-2 00, Fax (0 89) 8 95 17-2 50
E-Mail: online@haufe.de, Internet: http://haufe.de,
http://www.taschenguide.de
Lektorat: Dr. Ilonka Kunow

Satz + Layout: Satzstudio »Süd-West« GmbH, 82166 Gräfelfing
Umschlaggestaltung: Agentur Buttgereit & Heidenreich, 45721 Haltern am See
Druck: J. P. Himmer GmbH & Co. KG, 86167 Augsburg

TaschenGuides – alles was Sie wissen müssen

Für alle, die wenig Zeit haben und erfahren wollen, worauf es ankommt. Für Einsteiger und für Profis, die ihre Kenntnisse rasch auffrischen wollen.

Sie sparen Zeit und können das Wissen effizient umsetzen:

Kompetente Autoren erklären jedes Thema aktuell, leicht verständlich und praxisnah.

In der Gliederung finden Sie die wichtigsten Fragen und Probleme aus der Praxis.

Das übersichtliche Layout ermöglicht es Ihnen sich rasch zu orientieren.

Anleitungen „Schritt für Schritt", Checklisten und hilfreiche Tipps bieten Ihnen das nötige Werkzeug für Ihre Arbeit.

Als Schnelleinstieg die geeignete Arbeitsbasis für Gruppen in Organisationen und Betrieben.

Wir freuen uns auf Ihre Anregungen.
Ihr STS Verlag
Fraunhoferstraße 5 – 82152 Planegg
Fon 0 89 / 8 95 17-2 22
Fax 0 89 / 8 95 17-2 90

Inhalt

Vorwort

Kann sich ein freier Mitarbeiter auf Ansprüche aus einem Arbeitnehmerverhältnis berufen? Worauf ist bei Verträgen mit freien Mitarbeitern zu achten? Was ist bei Telearbeit zu beachten? Was gehört in einen Arbeitsvertrag? Welche Fragen im Vorstellungsgespräch sind zulässig? Wann und in welchem Umfang haften Mitarbeiter für Schäden, die sie verursacht haben? Wann ist ein Wettbewerbsverbot sinnvoll? Wie kann ein Arbeitsverhältnis beendet werden? Was ist bei der Zeugnisstellung zu beachten?

Der vorliegende TaschenGuide beantwortet Ihnen die wichtigsten und drängendsten Rechtsfragen, die sich aus dem Verhältnis zwischen Arbeitgeber bzw. Führungskraft und Mitarbeiter ergeben. Ob Sie einen Arbeitsvertrag vorbereiten, eine Versetzung in Erwägung ziehen, eine Abmahnung oder eine Kündigung angehen wollen – hier finden Sie die nötigen Informationen, damit Sie Ihre Mitarbeiter rechtlich gut abgesichert führen können.

Beispiele aus der Praxis, Tipps und ein Glossar der wichtigsten Rechtsbegriffe runden diese knappe und leicht verständliche Einführung in das Arbeitsrecht ab.

Dr. Björn Gaul, Björn Otto

Wenn im Text aus Gründen der besseren Lesbarkeit von „dem Mitarbeiter" oder „dem Arbeitnehmer" etc. gesprochen wird, sind selbstverständlich männliche wie weibliche Mitarbeiter gemeint.

Die Abgrenzung zwischen Arbeitnehmer und freiem Mitarbeiter

Arbeitsrecht – das Sonderrecht des Arbeitnehmers

Wann kann man von „Arbeitnehmer" sprechen?

Was gilt für freie Mitarbeiter?

Besonderheiten der Telearbeit

Arbeitsrecht – das Sonderrecht des Arbeitnehmers

Das Arbeitsrecht wird gemeinhin als Sonderrecht der Arbeitnehmer definiert. Der Begriff des Arbeitnehmers hat deshalb für die Anwendbarkeit arbeitsrechtlicher Normen eine zentrale Bedeutung. Daran müssen Sie bereits bei der Einstellung eines neuen Mitarbeiters und der Ausgestaltung seines Vertrags denken. Schließlich unterfällt nicht jeder, der aufgrund einer vertraglichen Vereinbarung Arbeit für andere erbringt, dem Regelungsbereich des Arbeitsrechts.

■ Durch arbeitsrechtliche Vorschriften geschützt ist grundsätzlich nur derjenige, der die Arbeit im Rahmen eines Arbeitsverhältnisses erbringt. ■

Entscheidend hierfür ist im Allgemeinen die Ausführung fremdbestimmter Arbeiten. Wer selbstständig festlegen kann, wann und wie er seine Arbeit gestaltet, ist demgegenüber regelmäßig kein Arbeitnehmer, sondern freier Mitarbeiter bzw. Selbstständiger – beispielsweise der Rechtsanwalt, der EDV-Berater, der Arzt oder der Spediteur. Auf diese Personen finden die Schutzvorschriften des Arbeitsrechts generell keine Anwendung. Sie können sich damit auch nicht auf diese Rechte als Arbeitnehmer berufen.

Beispiel: Arbeitnehmer und freie Mitarbeiter

Das Unternehmen X beschäftigt Herrn A regelmäßig und auf der Grundlage eines Arbeitsvertrags im Rechnungswesen. Herr A arbeitet danach 38,5 Stunden die Woche und kommt von Montag bis Freitag ins Büro. Dort erledigt er die anfallenden Arbeiten nach den Vorgaben seines Vorgesetzten. Herr A ist damit klassischer Angestellter und untersteht dem Schutz des Arbeitsrechts.

Dies hat einerseits Vorteile, z. B. Kündigungsschutz, Entgeltfortzahlung im Krankheitsfall etc., ist aber andererseits auch mit einem Verlust an Eigenverantwortlichkeit und Freiheit verbunden. So ist Herr A etwa weisungsgebunden – wenn sein Vorgesetzter von ihm die Auswertung des letzten Jahresabschlusses verlangt, muss er diese Anweisung im Normalfall befolgen.

Anders Frau B. Sie schreibt nach konkreter Auftragsvergabe durch das Unternehmen X hin und wieder einen Artikel für dessen hausinterne Mitarbeiterzeitschrift. Dazu kommt sie nicht in den Betrieb, sondern arbeitet von ihrem eigenen Büro aus. Als freie Journalistin schreibt sie auch für andere Organisationen. Sie bestimmt ihre Arbeitszeiten und den Umfang ihrer Tätigkeit selbst, kann also Aufträge des Unternehmens X je nach Bedarf annehmen oder ablehnen. Sie ist somit keine Arbeitnehmerin, kann dafür aber z. B. auch keine Entgeltfortzahlung im Krankheitsfall oder bezahlten Urlaub verlangen.

Wann kann man von „Arbeitnehmer" sprechen?

Persönlich abhängig und weisungsgebunden

Nach der Rechtsprechung unterscheidet sich das Arbeitsverhältnis vom Rechtsverhältnis eines freien Dienstnehmers oder Werkunternehmers nach dem Grad der persönlichen Abhängigkeit bei der Erbringung der Werk- oder Dienstleistung. Eine wirtschaftliche Abhängigkeit ist – obwohl im Regelfall meist zugleich vorliegend – weder erforderlich noch ausreichend.

Arbeitnehmer ist demzufolge, wer in persönlicher Abhängigkeit weisungsgebunden vertraglich geschuldete Arbeitsleistungen im Rahmen einer von seinem Vertragspartner bestimmten Arbeitsorganisation erbringt (so im Beispielsfall Herr A). Als unselbstständig und deshalb persönlich abhängig angesehen wird derjenige, der seine Tätigkeit nicht im Wesentlichen frei gestalten und insbesondere seine Arbeitszeit nicht frei bestimmen kann. Der Grad der persönlichen Abhängigkeit richtet sich dabei nach der Eigenart der jeweiligen Tätigkeit.

Insoweit lassen sich für alle Vertragsverhältnisse geltende Kriterien nicht aufstellen. Allerdings ist bei untergeordneten und einfachen Arbeiten (z. B. Fließbandarbeiter oder Packer) eher eine Eingliederung in die fremde Arbeitsorganisation anzunehmen als bei gehobenen Tätigkeiten. Ein Arbeitsverhältnis kann aber gleichwohl auch bei anspruchsvollen Tätigkeiten gegeben sein, selbst wenn dem Dienstverpflichteten ein hohes Maß an Gestaltungsfreiheit, Eigeninitiative und fachlicher Selbstständigkeit verbleibt. Dementsprechend kann beispielsweise auch der Chefarzt eines Krankenhauses als Arbeitnehmer eingestuft werden.

Auf welche Kriterien kommt es an?

Die gerichtliche Bewertung, ob ein Arbeitsverhältnis vorliegt, orientiert sich demnach stark am Einzelfall. Dennoch gibt es eine Reihe von Kriterien, die Ihnen helfen können, bestehende Verträge bzw. Vereinbarungen mit freien Mitarbeitern daraufhin zu überprüfen, ob eventuell ein Arbeitsverhältnis vorliegt.

Manche dieser Kriterien spielen bei der gerichtlichen Prüfung eine stärkere Rolle, andere fallen weniger ins Gewicht.

■ Vermeiden Sie, dass es zu unklaren Verhältnissen kommt, damit nicht Arbeitnehmeransprüche entstehen, die der vermeintlich „freie" Mitarbeiter eines Tages rückwirkend geltend macht. ■

Merkmale mit starkem Gewicht

- Ihr Mitarbeiter ist in Dienstpläne eingebunden und seine (wechselnden) Einsätze werden ihm von Ihnen ohne vorherige Absprache im Einzelnen zugeteilt.
- Sie geben Ihrem Mitarbeiter Dauer, Beginn und Ende der täglichen Arbeitszeit vor.
- Ihr Mitarbeiter ist verpflichtet Aufträge anzunehmen oder eine bestimmte Auftragsmenge zu erledigen.
- Ihr Mitarbeiter befindet sich in ständiger Dienstbereitschaft.
- Ihr Mitarbeiter ist in die Organisationsstruktur ihres Betriebes eingegliedert.

Merkmale mit geringerem Gewicht

- Ihnen obliegt ein Weisungsrecht hinsichtlich Inhalt und Durchführung der Tätigkeit Ihres Mitarbeiters.
- Ihr Mitarbeiter ist hinsichtlich des Arbeitsorts weisungsgebunden.
- Ihr Mitarbeiter erbringt seine Arbeit für Sie ohne Mitarbeiter in eigener Person.

- Ihr Mitarbeiter ist verpflichtet Ihnen Urlaub und Krankheit zu melden.
- Ihr Mitarbeiter geht bei Ihnen einer hauptberuflichen Vollzeitbeschäftigung nach.
- Ihr Mitarbeiter versieht bei Ihnen untergeordnete oder einfache Tätigkeiten.

Merkmale mit keinem oder sehr geringem Gewicht

- Ihr Mitarbeiter ist von Ihnen wirtschaftlich abhängig.
- Sie geben Ihrem Mitarbeiter fachliche Weisungen.
- Modalitäten der Bezahlung oder andere formelle Merkmale, wie die Abführung von Steuern und Sozialversicherungsbeiträgen oder etwa die Führung einer Personalakte.
- Die vereinbarte Dauer der Zusammenarbeit.
- Ihr Mitarbeiter wird für Sie nur nebenberuflich tätig und seine Arbeitszeit ist gering.
- Ihr Mitarbeiter hat einen „eigenen" Schreibtisch oder kann ein Arbeitszimmer (mit)benutzen, zu dem er einen eigenen Schlüssel hat.
- Ihr Mitarbeiter kauft bei Ihnen Betriebsmittel, z. B. Dienstwagen.
- Ihr Mitarbeiter hat keine eigenen Kunden, die auf eigene Rechnung bedient werden.
- Ihr Mitarbeiter wird in Ihrem Betrieb in einem internen Telefonverzeichnis aufgeführt.
- Bezeichnung des Vertragsverhältnisses durch die Parteien.

■ Die voranstehenden Kriterien finden auch bei der sozialversicherungsrechtlichen Unterscheidung zwischen einer abhängigen Beschäftigung (für die Beiträge in Renten-, Kranken-, Pflege- und Arbeitslosenversicherung gezahlt werden müssen) und einer selbstständigen Tätigkeit (für die allenfalls auf Seiten des Selbstständigen Rentenversicherungsbeiträge abzuführen sind) Anwendung. Dies sollten Sie, auch aus Kostengründen, bei der Vertragsgestaltung in Ihre Überlegungen einbeziehen. ■

Was gilt für freie Mitarbeiter?

Mangelt es an einer personenbezogenen Weisungsgebundenheit des Dienstnehmers, der nach seinem Vertrag verpflichtet ist, im Rahmen einer umschriebenen Stellung bestimmte Tätigkeiten zu verrichten, liegt kein durch die persönliche Abhängigkeit begründetes Arbeitsverhältnis vor. Vielmehr handelt es sich um einen freien Mitarbeiter (so im Beispielsfall Frau B). Die persönliche Unabhängigkeit zeigt sich vor allem dadurch, dass dieser seine Tätigkeit frei gestalten und seine Arbeitszeit weitgehend selbst bestimmen kann. Die Vertragsdauer ist dabei unerheblich.

Aber Achtung: Soweit der freie Mitarbeiter wirtschaftlich abhängig und vergleichbar einem Arbeitnehmer sozial schutzbedürftig ist, kann er als arbeitnehmerähnliche Person anzusehen sein und damit den Begünstigungen des Tarifvertragsgesetzes (TVG) unterliegen.

■ Generell gilt jedoch: Das Arbeitsrecht ist auf freie Mitarbeiter nicht anwendbar – auch nicht auf die arbeitnehmerähnlichen freien Mitarbeiter. Etwas anderes gilt lediglich dann, wenn die Parteien von der Möglichkeit Gebrauch gemacht haben, in dem Vertrag das Eingreifen arbeitsrechtlicher Vorschriften zu vereinbaren. ■

Besonderheiten der Telearbeit

Manche Tätigkeiten werden regelmäßig nur im Rahmen eines Arbeitsverhältnisses ausgeübt, wie z. B. Verkäuferin oder Buchhalter, andere können sowohl auf der Grundlage eines Arbeitsverhältnisses als auch durch freie Mitarbeit erbracht werden, z. B. Rundfunkmitarbeiter oder Fotograf.

Zur letztgenannten Gruppe gehört auch die seit einigen Jahren stark zunehmende Telearbeit. Hier ist die rechtliche Einordnung als Arbeitnehmer oder Selbstständiger besonders schwierig. Deshalb eine kleine Orientierungshilfe: Von Telearbeit spricht man dann, wenn ein Mitarbeiter an einem Ort außerhalb des Unternehmens einfache oder qualifizierte Angestelltentätigkeiten an EDV-Anlagen verrichtet, welche durch elektronische Kommunikationsmittel mit dem Betrieb des Arbeit- bzw. Auftraggebers verbunden sind. Die Arbeitsstätte kann dabei selbst gewählt sein – in der Regel das „Home-Office", also das Büro zu Hause – oder vom Arbeit- bzw. Auftraggeber bereitgestellt werden (Satellitenbüro).

Beispiele

Zu nennen wären hier etwa Schreibkräfte, die Texte in ihren eigenen Wohnungen verfassen, also gar keine örtliche Betriebsanbindung besitzen. Aber auch Vertriebsrepräsentanten, die per Fax, vernetztem Computer und/oder Videokonferenzsystem mit dem Stammhaus verbunden sind und lediglich zeitweise persönlich in den dort befindlichen Büros arbeiten, können als Telearbeiter gelten.

Sind Telearbeiter selbstständig?

Auch hier kommt es auf den Einzelfall an. Grundsätzlich gelten zwar auch für die Telearbeit die allgemeinen Abgrenzungskriterien für ein Arbeitsverhältnis. An die Stelle der räumlich-organisatorischen Eingliederung des Arbeitnehmers tritt allerdings – insbesondere bei der ausschließlichen Telearbeit – in zunehmendem Maße eine Online- oder Funkverbindung mit dem Arbeitgeber. Davon ist beispielsweise auszugehen, wenn die Beschäftigten ihre Tätigkeit nur unter Zuhilfenahme betrieblicher Einrichtungen oder in Zusammenarbeit mit im Betrieb tätigen Mitarbeitern leisten können. Gleiches gilt, wenn sich die Tätigkeit in ein elektronisches und organisatorisches Gesamtkonzept einfügt, d. h. die Arbeit ohne Rückkopplung mit der betrieblich eingesetzten EDV-Anlage sachlich und wirtschaftlich nicht möglich ist.

Das Kriterium der persönlichen Abhängigkeit wird also in Richtung einer informationellen Abhängigkeit erweitert. Weisungsgebunden heißt dann, dass dem Beschäftigten vom Unternehmen die Hard- und Software vorgeschrieben wird und ihm dadurch seine Arbeitsschritte vorgegeben werden. Auf diese Weise wird eine Fremdbestimmung des Mitarbeiters erreicht. Kann der Beschäftigte indes trotz der Übernahme der EDV frei über die Annahme von Aufträgen entscheiden und sich zugleich die Art und Zeit der Tätigkeit selbst einteilen, spricht dies wiederum für Selbstständigkeit.

Wer profitiert von Telearbeit?

Die Einführung von Telearbeit erleichtert die Kombination und Koordination von Kindererziehung und Beruf. Zudem eröffnen sich Möglichkeiten der Kostensenkung durch Einsparung von Bürofläche und sonstigen betrieblichen Räumlichkeiten. Gleichwohl müssen Sie sich die Einführung von Telearbeit gut überlegen. Vor- und Nachteile sollten gegeneinander abgewogen werden. Bedenken sollten Sie insbesondere, dass nur solche Mitarbeiter für die Teilnahme an Telearbeitsprojekten in Betracht kommen, die in besonderem Maße zu eigenständigem und diszipliniertem Arbeiten in der Lage sind. Nach neueren Schätzungen gibt es in Deutschland ca. 2,1 Millionen Telearbeiter, wobei man davon ausgeht, dass mindestens 11 % der Arbeitsplätze für Telearbeit geeignet sind. Zu berücksichtigen ist darüber hinaus, dass beim Einsatz von Arbeitnehmern im Rahmen der Telearbeit Arbeitsschutzvorschriften und Mitbestimmungsrechte des Betriebsrats eingehalten werden müssen. (Im TaschenGuide „Telearbeit – arbeiten von zu Hause aus" erfahren Sie weitere nützliche Informationen und Tipps zur Telearbeit.)

■ Dem Betriebsrat steht kein Mitbestimmungsrecht zu, das die Einführung von Telearbeit behindern könnte. Er hat aber unter Umständen ein Mitbestimmungsrecht, wenn bestehende Arbeitsverhältnisse in Telearbeit umgewandelt werden. ■

Der Einstellungs-vorgang

Was Sie bei der Stellenausschreibung beachten müssen

Wie Sie ein Bewerbungsgespräch richtig führen

Den Arbeitsvertrag ausgestalten

Verträge mit freien Mitarbeitern

Was Sie bei der Stellen-ausschreibung beachten müssen

Um geeignete Bewerber kennen zu lernen, sollten Sie die zu besetzende Stelle zunächst zur Bewerbung ausschreiben. Dies kann sowohl innerbetrieblich, z. B. am schwarzen Brett oder in der Werkszeitung, als auch außerbetrieblich – in Tages- oder Fachzeitschriften, auf der Homepage im Internet etc. – geschehen. Die innerbetriebliche Ausschreibung können Sie dabei zeitgleich zu einer außerbetrieblichen Ausschreibung vornehmen.

Besteht in Ihrem Betrieb ein Betriebsrat, kann dieser vor jeder Stellenbesetzung eine betriebsbezogene Stellenausschreibung verlangen. Mitbestimmungsfrei ist dagegen die qualifizierende Kennzeichnung des Anforderungsprofils und der Tätigkeitsmerkmale der zu besetzenden Stelle. Sie unterliegt Ihrer freien Entscheidung als Arbeitgeber.

Um mögliche Schadensersatzansprüche potenzieller Bewerber zu vermeiden, müssen Sie bei der Ausschreibung darauf achten, dass die Chancengleichheit männlicher und weiblicher Bewerber gewährleistet ist. Insofern ist eine geschlechtsneutrale Ausschreibung erforderlich, wenn nicht ein bestimmtes Geschlecht unverzichtbare Voraussetzung für die in Rede stehende Tätigkeit ist. Letzteres ist überaus selten der Fall (z. B. Modell für Damenbekleidung, Chorsängerstelle für Tenor).

Wenn Sie Bewerbungsbögen vorbereiten, müssen Sie diese dem Betriebsrat zur Zustimmung vorlegen.

Schließlich dürfen Sie nicht vergessen dem Bewerber eine negative Entscheidung über das Einstellungsgespräch unverzüglich mitzuteilen und ihm die überlassenen Bewerbungsunterlagen unversehrt zurückzugeben.

Wie Sie ein Bewerbungsgespräch richtig führen

Ist ein Bewerber in Ihre engere Auswahl gelangt, stellen sich für Sie im Hinblick auf das Bewerbungsgespräch im Wesentlichen vier Fragen:

- Welche Fragen darf ich im Bewerbungsgespräch stellen und inwieweit bestehen Offenbarungspflichten des Bewerbers?
- Welche Tests sind erlaubt und darf der Bewerber die Testergebnisse einsehen?
- Wer trägt die Vorstellungskosten?
- Was muss ich beim Abwerben fremder Mitarbeiter beachten?

Was Sie fragen dürfen und was Ihnen der Bewerber wahrheitsgemäß beantworten muss

Im Rahmen des Bewerbungsgesprächs dürfen Sie als Arbeitgeber zunächst nach solchen Umständen fragen, die für Sie im Hinblick auf das angestrebte Arbeitsverhältnis von berechtigtem Interesse sind. Eine über diese Offenbarungsgrenze hinausgehende Frage darf vom Bewerber unzutreffend beantwortet werden.

■ Wichtig: Fragen Sie als Arbeitgeber zuviel, hat der Bewerber zum Schutz seiner Persönlichkeitssphäre also ein Recht zur Lüge. ■

Umgekehrt stellt die Falschbeantwortung einer zulässigen Frage durch den Stellensuchenden eine arglistige Täuschung dar. Erkennen Sie die unwahre Auskunft später, können Sie deshalb den Arbeitsvertrag ohne Kündigungsfrist durch Anfechtung beenden.

Was erlaubt ist und wo Sie vorsichtig sein müssen

Soweit die Anwort sich nicht bereits aus den Bewerbungsunterlagen ergibt, ist der Bewerber gehalten, über seine

- berufliche Ausbildung und
- berufliche Erfahrung sowie
- die ergänzenden fachbezogenen Fähigkeiten

wahrheitsgemäß Auskunft zu geben.

Nach **Krankheiten** dürfen Sie insoweit fragen, als deren Vorliegen der Ausübung der in Aussicht genommenen Tätigkeit entgegensteht.

Beispiel
Zulässig wäre danach etwa die Frage nach einer Stauballergie an einen Buchhalter. Auch die Hauterkrankung einer Verkäuferin für den Lebensmittelbereich müsste Ihnen offenbart werden. Ebenfalls erlaubt ist die Frage nach einer Schwerbehinderung oder einer Gleichstellung, sofern sie

bereits durch einen behördlichen Bescheid anerkannt wurde. Die Frage nach einer möglichen Aids-Infektion oder -Erkrankung wird man Ihnen dahingegen nur dort wahrheitsgemäß zu beantworten haben, wo die Art der Tätigkeit akute Gefährdungen des Erkrankten oder Dritter begründet.

Grundsätzlich nicht fragen dürfen Sie aufgrund der damit verbundenen Diskriminierung wegen des Geschlechts nach dem Bestehen einer **Schwangerschaft**. Ausnahmen sind allenfalls dann denkbar, wenn die Frage objektiv dem gesundheitlichen Schutz der Schwangeren und/oder des ungeborenen Kindes dient.

Ihre Frage nach **Vorstrafen** ist von einem Bewerber nur dann und insoweit wahrheitsgemäß zu beantworten, als die Art der Vorstrafe für die in Aussicht stehende Stellenbewerbung entscheidungserheblich ist. Ein Bewerber auf eine Kassiererstelle müsste Ihnen beispielsweise seine Verurteilung wegen eines Vermögensdelikts angeben. Eine Pflicht zur Offenbarung besteht jedoch dann nicht mehr, wenn sich der Verurteilte nach § 53 des Bundeszentralregistergesetzes als unbestraft bezeichnen darf. Auch die Frage nach einer Stasi-Tätigkeit muss der Bewerber grundsätzlich wahrheitsgemäß beantworten.

Weitere Beispiele zum Fragerecht

Überblicksartig haben wir für Sie im Folgenden noch einige Beispiele aus der Rechtsprechung zum Fragerecht des Arbeitgebers zusammengestellt:

- Unzulässig ist die Frage nach genetischen Veranlagungen des Arbeitnehmers.

- Gleiches gilt für Fragen nach der Gewerkschaftszugehörigkeit des Bewerbers.
- Das Verlangen nach Auskunft über die Religions- und Parteizugehörigkeit ist ebenfalls grundsätzlich unzulässig, es sei denn, bei Ihnen als Arbeitgeber handelt es sich um eine konfessionelle oder parteipolitische Institution.
- Auch nach reinen Privatangelegenheiten (z. B. „Mit wem verbringen Sie Ihre Freizeit am häufigsten?", „Wieviel Prozent Ihres Einkommens sparen Sie in etwa?") dürfen Sie nicht fragen.
- Fragen nach Lohn- und Gehaltspfändungen wird man demgegenüber wegen des hiermit für Sie verbundenen Verwaltungsaufwands als erlaubt ansehen müssen.
- Die Frage nach bevorstehendem bzw. bereits abgeleistetem Wehr- und Ersatzdienst wird gleichfalls als sachgerecht und damit zulässig angesehen.
- Von berechtigtem Interesse für Sie als Arbeitgeber ist schließlich auch die Frage nach dem Bestehen von Wettbewerbsverboten.

Tests im Vorstellungsgespräch und Einsichtsrechte des Bewerbers

Als Arbeitgeber dürfen Sie den Bewerber mit dessen Zustimmung – auch im Rahmen eines Assessment Centers – ergänzenden Eignungstests unterziehen. Sie können dabei auch graphologische Gutachten sowie psychologische Eignungstests einbeziehen.

■ Achtung: Auch hier gelten die in Bezug auf Ihr Fragerecht dargestellten Grundsätze. Was Sie im Einstellungsgespräch nicht erfragen können, dürfen Sie auch nicht auf Umwegen durch Dritte (Psychologen, Ärzte, Seminarleiter) ausforschen lassen.

Mit Ausnahme von gesundheitlichen Einstellungsuntersuchungen steht dem Bewerber dabei grundsätzlich kein Recht auf Einsichtnahme in das Testergebnis zu. Etwas anderes gilt nur insoweit, als das Testergebnis nach Vertragsabschluss in die Personalakte des Arbeitnehmers aufgenommen wird. In diesem Fall kann es dort von dem Mitarbeiter eingesehen werden. Andernfalls müssen Sie die Testunterlagen vernichten.

Wer trägt die Vorstellungskosten?

Haben Sie einen Bewerber zu einem Vorstellungsgespräch eingeladen, sind Sie ihm gegenüber verpflichtet die entstandenen notwendigen Aufwendungen zu erstatten. Als erforderlich in diesem Sinn sind jedenfalls die Reisekosten unter Berücksichtigung der üblichen, auch steuerrechtlich anerkannten Erstattungen anzusehen, soweit sie für Sie erkennbar waren. Im Normalfall können Sie dabei von den unternehmens- oder betriebsbezogenen Reisekostenordnungen ausgehen.

Dürfen Sie fremde Mitarbeiter abwerben?

Fremde Mitarbeiter abzuwerben ist grundsätzlich statthaft. Um Schadensersatzforderungen zu vermeiden, müssen Sie allerdings darauf achten, den potenziellen Mitarbeiter während des noch bestehenden Arbeitsverhältnisses nicht zu einem

Verstoß gegen das vertragliche Wettbewerbsverbot (vgl. S. 113) – z. B. durch Abwerbung weiterer Mitarbeiter – zu veranlassen oder zu einer Beendigung seiner Tätigkeit unter Missachtung der Kündigungsfristen, die für ihn in seiner momentanen Stellung gelten.

Den Arbeitsvertrag ausgestalten

Gibt es Formvorschriften?

Soweit in einem einschlägigen Tarifvertrag, in einer Betriebsvereinbarung oder in gesonderten einzelvertraglichen Absprachen keine entsprechenden Anforderungen festgelegt sind, unterliegt der Arbeitsvertrag keiner besonderen Form. Auch eine mündlich getroffene Vereinbarung, die den Willen zum Abschluss eines Arbeitsverhältnisses erkennen lässt, ist daher voll wirksam. Besteht hingegen ein Schriftformerfordernis, sind formlose Vereinbarungen der Vertragsparteien grundsätzlich ohne Wirksamkeit.

Aus Beweisgründen und zur Vermeidung späterer Streitigkeiten sollten Sie jedoch die wesentlichen Vertragsbedingungen schriftlich fixieren. Nach dem Nachweisgesetz müssen Sie dem Arbeitnehmer mindestens folgende Punkte schriftlich mitteilen:

- die genaue firmenrechtliche Bezeichnung des Arbeitgebers,
- die Bezeichnung oder allgemeine Beschreibung der zu leistenden Tätigkeit,
- den Zeitpunkt des Beginns des Arbeitsverhältnisses,

- bei befristeten Arbeitsverhältnissen: die vorhersehbare Dauer des Arbeitsverhältnisses,
- den Arbeitsort,
- die Dauer des Jahresurlaubs,
- die Länge der Kündigungsfristen,
- eine genaue Aufschlüsselung des Arbeitsentgelts,
- die vereinbarte Arbeitszeit,
- die für das Arbeitsverhältnis geltenden Tarifverträge und sonstige Vereinbarungen von Arbeitsbedingungen.

Diese Verpflichtung gilt zugleich für bereits bestehende Arbeitsverhältnisse und die nachträgliche Änderung wesentlicher Arbeitsbedingungen. Vergütung, Arbeitszeit und Urlaub können Sie aber auch durch einen Verweis auf einen Tarifvertrag oder eine Betriebsvereinbarung bestimmen.

■ Um unangenehme Überraschungen zu vermeiden, sollten Sie die vorgenannten Punkte in jedem Fall von vornherein in den Arbeitsvertrag, den Sie mit einem neuen Mitarbeiter abschließen, aufnehmen. Klarheit sollte dann geschaffen werden, wenn man sich (noch) gut versteht. ■

Inhalt des Arbeitsvertrags

Die oben genannten formalen Anforderungen geben zugleich Hinweise darauf, welche inhaltlichen Punkte Sie in einem Arbeitsvertrag regeln sollten. Daneben sollten Sie noch auf folgende Punkte achten:

Vereinbaren Sie eine Probezeit

Um den Arbeitsvertragsparteien vor einer endgültigen Festigung ihrer Vertragsbeziehungen die Möglichkeit zu geben, die dauerhafte Tragfähigkeit ihrer Vertragsbeziehungen sachlich und persönlich beurteilen zu können, empfiehlt sich in der Praxis im Regelfall die Vereinbarung einer Probezeit. Beachten müssen Sie allerdings, dass in den meisten Tarifverträgen für ein Probearbeitsverhältnis eine zeitliche Schranke von 3 bzw. 6 Monaten vorgesehen ist. Zudem gilt nach 6 Monaten in jedem Fall das Kündigungsschutzgesetz.

Wann Sie den Arbeitsvertrag befristen können

Ist das Arbeitsverhältnis nur für eine bestimmte Zeitspanne vorgesehen, werden Sie in der Regel einen befristeten Arbeitsvertrag abschließen. Um eine Umgehung zwingender Kündigungsschutzvorschriften zu vermeiden, bedürfen Befristungen in Betrieben mit 6 oder mehr Mitarbeitern (Teilzeitbeschäftigte zählen mindestens 0,5) jedoch grundsätzlich eines sachlichen Grundes – andernfalls entsteht ein unbefristetes Arbeitsverhältnis. Befristete Arbeitsverträge sind z. B. in folgenden Fällen möglich:

- Vertretung einer Mitarbeiterin im Mutterschutz oder Erziehungsurlaub. Dabei muss die Dauer der Befristung im Arbeitsvertrag kalendermäßig bestimmt oder bestimmbar sein oder sich aus dem Zweck der Vertretungsregelung ergeben. **Empfehlung:** Sinnvoll ist eine kalendermäßig bestimmte Befristung mit beiderseitiger Möglichkeit zur ordentlichen Kündigung, damit Sie bei Störungen der Zusammenarbeit auch kündigen können.

- Krankheits- oder Urlaubsvertretung.
- Befristete Einstellung von Aushilfskräften für den Einsatz beim Sommer- und Winterschlussverkauf oder bei sonstigen Sonderveranstaltungen (Messen, Inventur).
- Wenn der Arbeitnehmer dies ausdrücklich wünscht.

■ Zur Absicherung der sachlichen Rechtfertigung befristeter Verträge sollten Sie den Grund für die Befristung in Form einer Präambel oder auf andere Art ausdrücklich in den Vertrag aufnehmen. Dadurch lässt sich bei aufeinander folgenden befristeten Verträgen der Vorwurf des unzulässigen Kettenarbeitsvertrags entkräften. Allerdings gilt dann auch der Grundsatz: Wer schreibt, der bleibt. Änderungen bei der Begründung der Befristung können nachträglich nämlich nicht vorgenommen werden. ■

Das Beschäftigungsförderungsgesetz (BeschFG) erlaubt es dem Arbeitgeber allerdings, auch ohne sachlichen Grund befristete Arbeitsverhältnisse abzuschließen. Es darf allerdings kein enger Zusammenhang zu einem vorhergehenden unbefristeten Arbeitsvertrag oder zu einem befristeten Arbeitsvertrag nach eben diesem Gesetz bestehen. Innerhalb der 2 Jahre können Sie bis zu dreimal eine Verlängerung der Befristung vereinbaren. Für den Arbeitnehmer günstigere Regelungen im Tarifvertrag (etwa die Befristung von Aushilfsverträgen auf lediglich 12 Monate) sind jedoch zu beachten.

Die Möglichkeiten der Teilzeitbeschäftigung

Im Normalfall werden Sie einen Arbeitnehmer als Vollzeitkraft auf der Grundlage der einschlägigen, meist durch Tarifvertrag vorgegebenen Arbeitszeit einstellen und beschäftigen.

Daneben haben Sie aber auch die Möglichkeit Teilzeitverträge abzuschließen. Darunter sind Arbeitsverträge zu verstehen, die – unter Berücksichtigung der betrieblichen Arbeitszeit – in ihrem zeitlichen Umfang unterhalb der Tätigkeit von Vollzeitkräften liegen. Eine solche Teilzeitbeschäftigung kann sich auf Stunden eines Tages, auf Tage einer Woche, auf Wochen eines Monats, aber auch auf das Jahr in Form einer bestimmten Gesamtkapazität beziehen. Denkbar ist es z. B., eine Beschäftigung auf 9 Monate des Jahres zu beschränken. Dies hat sozialversicherungsrechtlich für Ihren Arbeitnehmer dann freilich den Nachteil, dass er nur auf $^{9}/_{12}$ der Jahresbezüge von Vollzeitkräften kommt und seine gesetzlichen Versorgungsansprüche entsprechend gemindert entstehen.

■ Deshalb wird in solchen Fällen vielfach – sofern die sachlichen Voraussetzungen vorliegen – eine befristete Vertragsgestaltung mit einvernehmlicher Beendigung und Wiederbegründung eines Anschlussvertrags herbeigeführt. Geschieht dies wiederholt, kann sich aus dem befristeten Vertrag ein Wiedereinstellungsanspruch ergeben. ■

Zulässig ist auch eine Vereinbarung, wonach der Arbeitnehmer seine Arbeitsleistung entsprechend dem Arbeitsanfall zu erbringen hat (so genannte kapazitätsorientierte variable Arbeitszeit – KAPOVAZ). In diesen Fällen müssen Sie allerdings arbeitsvertraglich eine bestimmte Dauer der Arbeitszeit festlegen. Andernfalls gilt eine wöchentliche Arbeitszeit von 10 Stunden als vereinbart. Darüber hinaus müssen Sie dem Arbeitnehmer die Lage der Arbeitszeit jeweils mindestens 4 Tage im Voraus mitteilen und ihn dann für mindestens 3 aufeinander folgende Stunden in Anspruch nehmen.

Wichtig in diesem Zusammenhang ist, dass Sie den teilzeitbeschäftigten Arbeitnehmer gegenüber Vollzeitarbeitnehmern nur aus sachlichen Gründen unterschiedlich behandeln dürfen. Dieses Differenzierungsverbot müssen Sie bereits bei Abschluss des Arbeitsvertrags beachten.

■ Bedeutung hat diese Verpflichtung insbesondere für Jahressonderzahlungen (z. B. Weihnachtsgeld) und betriebliche Altersversorgung. Hier sind (tarifliche) Regelungen, die Arbeitnehmer ausschließen, deren arbeitsvertraglich vereinbarte durchschnittliche Arbeitszeit weniger als 18 Stunden oder weniger als die Hälfte der jeweils geltenden regelmäßigen Wochenarbeitszeit eines Vollzeitbeschäftigten beträgt, mangels sachlicher Rechtfertigung rechtsunwirksam. Teilzeitbeschäftigte können also die gleiche Leistung verlangen. Im Zweifel gilt dies auch für geringfügig Beschäftigte. ■

Wann ist Altersteilzeit möglich?

Eine besondere Form der Teilzeitarbeit stellt die Altersteilzeitarbeit dar. Der ältere Arbeitnehmer arbeitet dabei nach den verschiedenen Altersteilzeitmodellen des Altersteilzeitgesetzes (ATZ) lediglich die Hälfte seiner früheren wöchentlichen tariflichen Arbeitszeit weiter, ohne dass diese Arbeitszeitverringerung in vollem Umfang eine entsprechende Minderung des Arbeitsentgelts nach sich zieht. Die Förderung erfolgt durch die Bundesanstalt für Arbeit. Auf diesem Wege sollen ältere Arbeitnehmer langsam aus dem aktiven Erwerbsleben in die Pensionsphase übergeleitet und zugleich teure Frühverrentungen vermieden werden.

Eine vertragliche Abrede über Altersteilzeit können Sie nur mit Arbeitnehmern treffen, die das 55. Lebensjahr vollendet haben.

Voraussetzung ist neben der Beachtung der gesetzlichen Schranken über die Formen der Altersteilzeit lediglich, dass die Vereinbarung nach dem 14.2.1996 getroffen wurde. Daneben muss der Arbeitnehmer in den 5 Jahren davor mindestens 1080 Kalendertage mehr als 15 Stunden beschäftigt gewesen sein.

Was bringt Ihnen eine Direktionsklausel?

Ihre Arbeitnehmer wollen Sie möglichst flexibel nach Ihren Bedürfnissen einsetzen. Deshalb wollen Sie natürlich wissen, inwieweit Sie bereits im Arbeitsvertrag Ihre Berechtigung festschreiben können, dem Arbeitnehmer auch andere, außerhalb der konkret umschriebenen Tätigkeit liegende Aufgaben zuzuweisen. So möchten Sie Ihren neuen Mitarbeiter beispielsweise zunächst in Ihrer Kölner Niederlassung beschäftigen. Trotzdem möchten Sie sich die Option offen halten, ihn im Bedarfsfall auch in München einsetzen zu können. Kann dieser Wunsch bereits im Arbeitsvertrag berücksichtigt werden?

Die Vereinbarung einer derartigen Direktionsklausel ist zulässig. Sie findet allerdings eine Schranke in den Vorschriften der arbeitsrechtlichen Schutzgesetze sowie des Kollektiv- und Einzelarbeitsvertragsrechts. Danach können Sie sich beispielsweise im Arbeitsvertrag das Recht vorbehalten, den Arbeitnehmer bei Bedarf auch an anderen Einsatzorten innerhalb des Betriebs oder Unternehmens einzusetzen. Sie dürfen dieses vertraglich eingeräumte Recht jedoch nur nach billigem Ermessen ausüben – d. h., Sie dürfen keine willkürlichen Maßnahmen ergreifen und müssen auch die Interessen Ihres Mitarbeiters berücksichtigen. Das kann z. B. bedeuten, dass Sie vor einem Ortswechsel eine Ankündigungsfrist einhalten müssen.

Unzulässig ist dagegen eine Klausel, wonach Sie als Arbeitgeber berechtigt sein sollen, durch einseitige Erklärung den Umfang der Arbeitszeit von der Teilzeit- bis zur Vollzeitbeschäftigung ändern und dadurch die Vergütung festlegen zu dürfen. Ein derartiger Eingriff in den Kernbereich der gegenseitigen vertraglichen Pflichten liefe letztlich auf eine unzulässige Umgehung des zwingenden gesetzlichen Kündigungsschutzes gegen Änderungskündigungen (s. S. 90 und 105) hinaus.

Besser abgesichert durch Widerrufsvorbehalte

Solange es nicht um Kernbestandteile des Arbeitsverhältnisses geht, können Sie einzelne Aufgaben und/oder Vergütungsbestandteile (z. B. Prämien, Dienstwagen oder andere geldwerte Vorteile) mit einem Widerrufsvorbehalt versehen. Im Entgeltbereich dürfte die Grenze des Zulässigen bei etwa 25 % der Gesamtbezüge liegen. Beachten müssen Sie allerdings, dass Sie auch von einem zulässig vereinbarten Widerrufsvorbehalt nicht nach freiem Belieben Gebrauch machen können, sondern die Grenzen billigen Ermessens beachten müssen. Das bedeutet im Ergebnis, dass für den Widerruf jedenfalls ein sachlicher Grund vorliegen muss.

Ausschlussfristen klar formulieren!

Die Vereinbarung von Ausschlussfristen, nach deren Ablauf Ansprüche und Rechte, die nicht geltend gemacht wurden, erlöschen, ist zulässig. Entsprechende Klauseln sind jedoch eng auszulegen und müssen klar erkennen lassen, welche Ansprüche von ihnen erfasst sein sollen.

Die Beteiligung des Betriebsrats bei der Einstellung

Soweit in Ihrem Betrieb ein Betriebsrat besteht, müssen Sie bei Einstellungen auch seine Beteiligungsrechte berücksichtigen. Wollen Sie einen bestimmten Bewerber einstellen, sind Sie grundsätzlich verpflichtet,

- dem Betriebsrat unter Vorlage der erforderlichen Bewerbungsunterlagen Auskunft über die Auswirkungen der geplanten Maßnahme zu geben,
- ihm den in Aussicht genommenen Arbeitsplatz und die vorgesehene Eingruppierung mitzuteilen
- und seine Zustimmung zur geplanten Maßnahme einzuholen.

Als erforderlich sind Unterlagen anzusehen, die den Betriebsrat in die Lage versetzen, das Vorliegen etwaiger Widerspruchsgründe, beispielsweise einen Gesetzesverstoß, gegen die geplante Einstellung zu prüfen und darüber entscheiden zu können. Zu den Unterlagen, die der Betriebsrat erhält, gehört nicht der Inhalt des Arbeitsvertrags. Eine persönliche Vorstellung des Bewerbers kann vom Betriebsrat ebenfalls nicht verlangt werden.

Haben Sie Ihren Part rechtzeitig erledigt, muss der Betriebsrat Ihnen innerhalb einer Woche schriftlich mitteilen, ob er der geplanten Maßnahme zustimmt oder seine Zustimmung verweigert. Andernfalls gilt mit Ablauf der Wochenfrist seine Zustimmung als automatisch erteilt. Die Überprüfung durch den Betriebsrat erstreckt sich dabei allein auf die Rechtmäßigkeit Ihrer arbeitgeberseitigen Planungsentscheidung.

■ Entgegen den gesetzlichen Vorgaben empfiehlt es sich in der Praxis, dem Betriebsrat nur die Unterlagen der außerbetrieblichen Bewerber, die in die engere Wahl für eine Stellenbesetzung gelangt sind, sowie sämtlicher innerbetrieblicher Bewerber zuzuleiten. Wird ein Personalberater eingeschaltet, besteht entsprechend Ihrer geringeren Einflussmöglichkeiten auch nur eine eingeschränkte Informationspflicht. ■

Der Betriebsrat verweigert die Zustimmung – was tun?

In diesem Fall ist der Arbeitsvertrag zwar wirksam. Allerdings führt die verweigerte Zustimmung zu einem gegenüber dem Betriebsrat bestehenden Verbot den Arbeitnehmer im Betrieb tatsächlich zu beschäftigen. Sie können aber versuchen die verweigerte Zustimmung des Betriebsrats durch das Arbeitsgericht ersetzen zu lassen. Dauert dies zu lange und ist die von Ihnen beabsichtigte Einstellung aus sachlichen Gründen dringend erforderlich, können Sie die Maßnahme nach entsprechender Erklärung gegenüber dem Betriebsrat vorläufig ergreifen. Ist der Betriebsrat hiermit nicht einverstanden, müssen Sie auch hier eine arbeitsgerichtliche Überprüfung der Maßnahme einleiten.

■ Beim Arbeitsgericht wird über solche Anträge in der Regel erst dann entschieden, wenn sich die Maßnahme schon erledigt hat (z. B. befristeter Einsatz von Aushilfskräften) oder sich die Gemüter auf Arbeitgeber- und Betriebsratsseite wieder beruhigt haben. Meist lassen sich deshalb arbeitgeberseitige Personalmaßnahmen trotz anfänglichen Widerstands des Betriebsrats durchsetzen. ■

Verträge mit freien Mitarbeitern

Für freie Mitarbeiter gelten die Vorschriften des Arbeitsrechts grundsätzlich nicht. Ein freies Mitarbeiterverhältnis liegt vor, wenn es an einer personenbezogenen Weisungsgebundenheit des Dienstnehmers fehlt (vgl. S. 13). Obwohl danach an sich keine Einschränkungen hinsichtlich des Inhalts und der Form des Vertrags bestehen, empfiehlt es sich im Interesse der Rechtssicherheit und Rechtsklarheit auch hier, die wesentlichen Punkte der vertraglichen Vereinbarung schriftlich festzuhalten. Auf diese Weise vermeiden Sie späteren Streit. Beide Vertragsparteien wissen dann, woran sie sind.

Mitbestimmungsrechte des Betriebsrats in Bezug auf die Einstellung bestehen nicht. Der Betriebsrat kann aber Unterrichtung über die Tatsachen verlangen, die es ihm erlauben, das Vorliegen eines Arbeitsverhältnisses prüfen und die daraus folgenden Mitwirkungsrechte wahrnehmen zu können. Hierzu gehören z. B. Informationen zu Vorgaben über Arbeitszeit und etwaige Weisungsrechte bzw. Berichtspflichten.

Die gemeinsame Zeit der Zusammenarbeit

Welche Pflichten treffen Ihre Arbeitnehmer?

Die Regelung von Lohn, Gehalt und Gehaltsextras

Die wichtigsten Fragen zur Lohnfortzahlung

Welche Schutz- und Fürsorgepflichten Sie als Arbeitgeber haben

Den Inhalt des Arbeitsvertrags durch Weisungen ausgestalten

Worauf achten bei der Versetzung von Mitarbeitern?

Wann haften Arbeitnehmer für verursachte Schäden?

Klärung von Meinungsverschiedenheiten und Streitigkeiten

Welche Pflichten treffen Ihre Arbeitnehmer?

Arbeitspflicht und Förderung der Arbeitgeberinteressen

Der Arbeitnehmer ist in erster Linie zur Arbeit verpflichtet. Die ihm von Ihnen zugewiesenen Aufgaben hat er nach bestem Wissen und Gewissen ordnungsgemäß zu erledigen. Er hat dabei Ihre Interessen als Arbeitgeber wahrzunehmen. Dies beinhaltet zugleich die Verpflichtung, während der Dauer des Arbeitsverhältnisses keine Wettbewerbstätigkeit auszuüben und Geschäfts- und Betriebsgeheimnisse Dritten nicht zur Kenntnis zu bringen.

Beispiel
Ein angestellter Versicherungsvertreter darf seine Kundenkartei nicht zugleich für den Aufbau eines eigenen Unternehmens benutzen.

Nebentätigkeiten von Mitarbeitern – was tun?

Die Ausübung von Nebentätigkeiten ist dadurch nicht schlechthin untersagt. Sie darf nur nicht gegen gesetzliche Arbeitsschutzvorschriften verstoßen, im Wettbewerb zu Ihnen als Arbeitgeber ausgeübt werden oder durch Art und Umfang den Arbeitnehmer so belasten, dass er seine Haupttätigkeit nicht ordnungsgemäß zu verrichten vermag.

Es empfiehlt sich deshalb, entweder in der Arbeitsordnung, also durch Betriebsvereinbarung, oder im Einzelarbeitsvertrag festzulegen, dass Nebentätigkeiten nur mit Ihrer Zustimmung übernommen bzw. ausgeführt werden dürfen. Auf diese Weise vermeiden Sie, dass Ihr Arbeitnehmer Tätigkeiten ausübt, die Sie schädigen oder im Hinblick auf einen Verstoß gegen Arbeitsschutzvorschriften unter Umständen sogar strafbar sind. Als Arbeitgeber des Hauptarbeitsverhältnisses können Sie sich nämlich nicht darauf berufen, dass der Arbeitnehmer bei Ihnen nicht mehr als die gesetzlich zulässige Höchstarbeitszeit tätig sei.

Haben Sie davon Kenntnis, dass Ihr Mitarbeiter an anderer Stelle noch eine Nebentätigkeit ausübt, müssen Sie seinen Arbeitseinsatz danach ausrichten, dass die höchstzulässige Arbeitszeit insgesamt nicht überschritten wird – oder die Nebentätigkeit entsprechend eingeschränkt wird. Die gesetzliche Grenze liegt pro Tag bei 8 + 2 = 10 Stunden und pro Woche bei 48 + 12 = 60 Stunden.

■ Achtung: Ohne Rücksicht ob Sie davon wissen oder nicht, haften Sie als Arbeitgeber im Übrigen bei Mehrfachtätigkeit Ihres Arbeitnehmers für die Sozialversicherungsbeiträge. Eine Erstattung der Arbeitgeberbeiträge können Sie dabei nicht verlangen. ■

Die Ausübung einer nicht genehmigten oder gegen Ihre Arbeitgeberinteressen verstoßenden Nebentätigkeit berechtigt Sie zum Ausspruch einer Abmahnung sowie gegebenenfalls zu einer verhaltensbedingten Kündigung (vgl. S. 97).

Die Regelung von Lohn, Gehalt und Gehaltsextras

Grundsätzlich gilt: Gleichbehandlung

Als Vergütung für die geleistete Arbeit müssen Sie als Arbeitgeber das vereinbarte Arbeitsentgelt zahlen. Dessen Höhe ergibt sich in erster Linie aus dem zwischen dem Mitarbeiter und Ihnen bestehenden Arbeitsvertrag. Allerdings wird hier zum Zwecke der Vereinheitlichung oftmals auf die einschlägigen Lohn- und Gehaltstarifverträge Bezug genommen.

Darüber hinaus gebietet Ihnen der Gleichbehandlungsgrundsatz, Ihre Arbeitnehmer oder Gruppen von vergleichbaren Arbeitnehmern gleich zu behandeln. Er verbietet Ihnen nicht nur, einzelne Arbeitnehmer innerhalb einer Gruppe schlechter zu stellen, sondern auch eine sachfremde Gruppenbildung. Ausnahmen gelten nur, soweit es sich um individuell vereinbarte Löhne und Gehälter handelt, etwa bei Mitarbeitern mit einer besonderen Funktion oder besonderen Führungskräften.

Freiwillige Sonderleistungen (z. B. Weihnachtsgeld, Gratifikationen) müssen betriebsübergreifend einheitlich gewährt werden, d. h. Sie müssen grundsätzlich alle Mitarbeiter aller Standorte hierbei gleich behandeln. Wenn Sie Differenzierungen vornehmen wollen, die an den Betrieb anknüpfen, müssen Sie – unter Berücksichtigung des Zwecks der Sonderleistung – prüfen, ob für eine betriebsbezogene Begünstigung bzw. Benachteiligung sachliche Gründe bestehen. Diese Voraussetzung ist z. B. bei Incentives der Fall, wenn Sie also Ihre Arbeitnehmer am finanziellen Ergebnis des Betriebs teilhaben lassen.

Beispiel
Zulässig ist es, die unterschiedlichen Auslastungsgrade verschiedener Kliniken eines Unternehmens oder den Umsatz verschiedener Produktionsstätten bzw. Vertriebszentren zum Anknüpfungspunkt für die Festsetzung eines Jahresbonus zu nehmen.

Wie Sie an Sonderleistungen gebunden sind

Neben dem reinen Lohn bzw. Gehalt zahlen Sie Ihren Mitarbeitern oftmals Sonderleistungen wie z. B. Weihnachtsgeld, leistungsbezogene Vergütungsbestandteile (Prämien) und erfolgsabhängige Zahlungen (Provisionen als Gewinnbeteiligung).

Daneben haben sich Zielvereinbarungen in der Praxis als neues Instrument zur Beteiligung der Mitarbeiter am Unternehmenserfolg bewährt. Hierunter versteht man Abreden, die den Anspruch auf einen Bonus an das Erreichen einer bestimmten Zielvorgabe binden. Anknüpfungspunkt können dabei sowohl quantitative (z. B. Umsatz, Gewinn) als auch qualitative (z. B. Reduzierung der Fehlerquote) Vorgaben sein.

Um spätere Streitigkeiten über den Inhalt und Bestand des Bonusanspruchs zu vermeiden, sollten Sie allerdings bereits bei Abschluss einer Zielvereinbarung konkrete Absprachen über den Nachweis der Zielvorgabe, die Fälligkeit der Zahlung sowie darüber treffen, welche Auswirkungen Fehlzeiten (z. B. Krankheit, Mutterschutz, Erziehungsurlaub) oder die Beendigung des Vertragsverhältnisses auf den Bonusanspruch haben sollen.

■ Sonderzahlungen können schnell zur Kostenfalle werden, wenn sie z. B. tariflich festgeschrieben oder durch „betriebliche Übung" etabliert sind. Prüfen Sie alle Möglichkeiten diese Gehaltsextras flexibel zu halten! ■

Können Sie sich im Bedarfsfall von etwaigen Zahlungsverpflichtungen lösen?

Beruhen die Sonderleistungen auf Tarifvertrag oder Betriebsvereinbarung, können Sie eine Änderung nur durch Kündigung des Tarifvertrags bzw. bei Betriebsvereinbarungen durch Kündigung der Betriebsvereinbarung erreichen. Problematisch an einer tariflichen Regelung ist allerdings, dass sie kraft Gesetzes nachwirkt. Der bisherige Rechtszustand kann also nur zementiert, nicht aber eine wirkliche Kostenentlastung herbeigeführt werden. Betriebsvereinbarungen hingegen wirken nur dann nach, wenn dies vereinbart wurde oder Neuverhandlungen anvisiert wurden. Hier kann die Kündigung den Anspruch also tatsächlich beseitigen.

Vertraglich zugesagte Sonderleistungen können Sie, wenn Sie keinen Widerrufsvorbehalt vereinbart haben, nur durch Änderungsvereinbarung oder Änderungskündigung absenken. Das Bestreben, Lohnkosten zu senken oder eine Unrentabilität des Betriebs oder eines Betriebsteils zu vermeiden, rechtfertigt eine Änderungskündigung zur Abschaffung übertariflicher Zuschläge jedoch noch nicht. Hinzu kommen muss, dass allein die mit der Änderungskündigung bezweckte Lohnsenkung die Stilllegung des Betriebs oder die Reduzierung der Belegschaft verhindern kann und soll.

Wie Sie eine „betriebliche Übung" verhindern

Daneben müssen Sie beachten, dass ein Anspruch auf eine Sonderzuwendung (z. B. die Zahlung von Weihnachtsgeld) bereits durch deren vorbehaltlose, mindestens dreimal aufeinander folgende Gewährung begründet werden kann. Die Rechtsprechung nennt dies „betriebliche Übung". Wollen Sie deren Entstehung verhindern, müssen Sie die in Rede stehende Leistung mit folgendem Freiwilligkeitsvorbehalt verbinden:

„Die Leistung erfolgt freiwillig. Auch bei mehrmaliger Zahlung entsteht daraus kein Rechtsanspruch für die Zukunft."

Haben Sie das versäumt, können Sie den aus der betrieblichen Übung entstandenen Anspruch – abgesehen von Änderungsvereinbarung und Änderungskündigung – nur noch dadurch beseitigen, dass Sie sich über einen entsprechenden Zeitraum hinweg der bisherigen betrieblichen Übung widersprechend verhalten und der Arbeitnehmer dem nicht entgegentritt.

Beispiel
Nachdem Sie Ihren Mitarbeitern 3 Jahre lang vorbehaltlos Weihnachtsgeld gezahlt haben, können Sie sich von Ihrer dadurch entstandenen Zahlungsverpflichtung für die Zukunft dann befreien, wenn Sie die Zahlungen in den folgenden 3 Jahren mit dem vorstehenden Freiwilligkeitsvorbehalt verbinden und Ihre Arbeitnehmer diesem Verhalten nicht widersprechen.

Ebenfalls denkbar ist die Vereinbarung eines Widerrufs- oder Anrechnungsvorbehalts. Dadurch werden Sie berechtigt, entsprechende Ansprüche für die Zukunft zu beseitigen. Voraussetzung ist allerdings, dass Sie dabei den Grundsatz billigen Ermessens beachten. Das gilt selbst dann, wenn Sie sich ausdrücklich die freie und jederzeitige Widerrufbarkeit vorbehalten haben. Sie müssen insofern nicht nur auf eine Gleichbehandlung Ihrer Mitarbeiter achten, sondern auch einen sachlichen Grund haben, um die Zulage zu widerrufen.

Beispiel
Kein sachlicher Grund, eine Leistungszulage zu widerrufen, ist es etwa, wenn ein Arbeitnehmer krankheitsbedingte Fehlzeiten hat, während der Arbeitsfähigkeit aber überdurchschnittliche Leistungen erbringt.

Unabhängig davon gilt: Ein Widerruf kann nur zukünftige Ansprüche beseitigen. Für die Vergangenheit hat er keine Bedeutung!

Worauf bei der Bereitstellung eines Dienstwagens achten?

Eine Absprache, wonach der Arbeitnehmer berechtigt ist einen ihm überlassenen Dienstwagen auch für Privatfahrten zu nutzen, beinhaltet zugleich die Zusage eines geldwerten Vorteils in Form eines Sachbezugs und stellt damit ebenfalls einen Bestandteil der Vergütung dar.

■ Um Unklarheiten zu vermeiden ist es zweckmäßig, im Arbeitsvertrag möglichst konkret festzulegen, welche Pkw-Kategorie (Fabrikat, Typ, Ausstattung etc.) geschuldet wird und wer die Auswahl des Dienstwagens vornimmt (Sie oder der Arbeitnehmer). Wird dem Arbeitnehmer die Auswahl überlassen, sollten Sie eine Preisobergrenze festlegen, die bei der Anschaffung nicht überschritten werden darf. ■

Haben Sie mit Blick auf die Gewährung des Dienstwagens keinen Widerrufsvorbehalt vereinbart, ist der Arbeitnehmer berechtigt den Dienstwagen bis zum Ablauf der Kündigungsfrist weiter zu benutzen. Dies gilt auch für den Fall der ordentlichen Kündigung des Arbeitsvertrags. Bedeutung hat diese Tatsache insbesondere dann, wenn Sie den Arbeitnehmer während der Kündigungsfrist von der Arbeitspflicht freistellen. Trotz Freistellung müssen Sie dem Arbeitnehmer dann den Dienstwagen bis zur Vertragsbeendigung zu Privatfahrten überlassen und die Unterhalts- und Reparaturkosten tragen. Tun Sie das nicht und entziehen dem Arbeitnehmer statt dessen das Fahrzeug, kann er Schadensersatz in Höhe der steuerlichen Bewertung der privaten Nutzungsmöglichkeit verlangen.

Welche Rolle spielen die Tarifvertragsparteien bei der Gehaltsgestaltung?

Über das Entgelt können die Arbeitsvertragsparteien nicht unbeschränkt verhandeln: Welche Art und Form das Entgelt hat, die Gestaltung von Fristen, vor allem die Höhe von Lohn oder Gehalt, können vor allem durch tarifvertragliche Vorgaben eingeschränkt sein.

Die Bezugsgrößen für Lohn- und Gehaltsgruppen werden in Rahmentarifverträgen festgelegt, leistungsbezogene Gehaltsextras werden häufig im Manteltarifvertrag oder in besonderen Tarifverträgen geregelt (z. B. Jahressonderzahlung oder vermögenswirksame Leistungen). Meist sind Lohn- und Gehaltstarifverträge, in denen die Vergütung für die einzelnen Lohn- und Gehaltsgruppen festgelegt wird, mit einer kurzfristigeren Laufzeit versehen.

Soweit beiderseitige Tarifbindung besteht oder der entsprechende Tarifvertrag für allgemein verbindlich erklärt worden ist, können die Arbeitsvertragsparteien von den Vorgaben des Tarifvertrags nicht nach unten abweichen. Wenn die betroffenen Mitarbeiter in einer Gewerkschaft organisiert sind, gilt dies auch für so genannte AT-Verträge, die hinsichtlich der Vergütung von Überstunden oft von deren pauschaler Abgeltung durch das Gehalt ausgehen. Als unzulässig bewertet das Bundesarbeitsgericht – entgegen dem Empfinden der Betroffenen – dementsprechend auch ein betriebliches „Bündnis für Arbeit", bei dem zum Ausgleich für Lohnminderungen eine (zeitlich befristete) Beschäftigungssicherung versprochen wird. Die Vereinbarung von Lohn- und Gehaltsregelungen, die den Arbeitnehmer günstiger stellen, bleibt Ihnen in jedem Fall unbenommen.

Wie weit darf der Betriebsrat Einfluss nehmen?

Fehlt es an einschlägigen tarifvertraglichen Regelungen oder haben die Tarifvertragsparteien den betrieblichen Sozialpartnern – Arbeitgeber und Betriebsrat – durch entsprechende Öffnungsklauseln im Tarifvertrag einen Gestaltungsfreiraum zukommen lassen, besitzen die Betriebsräte ein Mitbestimmungsrecht in allen Fragen der betrieblichen Lohngestaltung. Dieses Mitbestimmungsrecht ist erzwingbar! Sie müssen also mit dem in Ihrem Betrieb bestehenden Betriebsrat in diesen Fragen zusammenarbeiten. Bei überbetrieblichen, unternehmensbezogenen Regelungen ist der Gesamtbetriebsrat zuständig.

Zur betrieblichen Lohngestaltung gehören nicht nur Gehalts- und Lohnregelungen im engeren Sinn. Der Betriebsrat kann vielmehr mitbestimmen bei allen Begünstigungen, die materiellen Inhalts sind und arbeitgeberseitig mit Rücksicht auf das Bestehen eines Arbeitsverhältnisses gewährt werden, wie z. B. Personalrabatt, Dienstwagenregelungen oder Bonuszahlungen. Ferner werden auch Regelungen der betrieblichen Altersversorgung und innerbetriebliche Vergütungsregelungen für übertariflich bezahlte Führungskräfte (sog. AT-Angestellte) sowie alle Änderungen solcher Lohngestaltungsformen erfasst.

Wichtig: Trotz der Mitbestimmung des Betriebsrats entscheiden Sie über den Gesamtumfang der Zulagen, den so genannten Dotierungsrahmen, allein. Der Mitbestimmung unterliegen nur die Vorgaben zur Verteilung der Gelder auf die einzelnen Arbeitnehmergruppen. Die Entgeltregelung kann sich dabei auf den ganzen Betrieb und damit auf alle Arbeitnehmer erstrecken. Sie können aber auch einzelne Abteilungen für eine bestimmte Regelung herausnehmen.

Beispiel

So ist es möglich, in einem Möbelhandel für die Angestellten in der Teppichabteilung oder in einem Möbelbereich gesonderte Zahlungsformen zu entwickeln, die in der Verwaltung nicht zur Anwendung gelangen. Ebenso können Sie mit dem Betriebsrat im industriellen Bereich eine Prämienentlohnung ausschließlich für die Facharbeiter außerhalb des Akkordlohns festlegen und insoweit auch personell abgegrenzt regeln.

Weiterhin besteht ein Mitbestimmungsrecht bei der Regelung von Zeit, Ort und Art der Auszahlung der Arbeitsentgelte. Dies bedeutet, dass Ihr Betriebsrat mitbestimmen kann bei der Fälligkeit der Arbeitsentgelte, beim Leistungsort und bei der Auszahlungsform. Hierzu gehört auch die Frage der Kostenerstattung für Überweisung und Kontoführung. Durch Betriebsvereinbarung kann ferner geregelt werden, ob die Zeit des Aufsuchens der Bank zum Zweck der Abhebung des Lohns Arbeitszeit ist. Können Sie sich mit Ihrem Betriebsrat nicht einigen, entscheidet die Einigungsstelle.

Die wichtigsten Fragen zur Lohnfortzahlung

Obwohl Sie das Arbeitsentgelt grundsätzlich nur für erbrachte Arbeitsleistung zahlen wollen, gibt es dennoch Fälle, in denen Lohn und Gehalt auch ohne Gegenleistung des Arbeitnehmers auf Dauer oder zeitlich begrenzt weiterzuzahlen sind. Im Folgenden erfahren Sie, unter welchen Umständen Sie zur Entgeltzahlung ohne Arbeitsleistung, hier kurz „Lohnfortzahlung" genannt, verpflichtet sind.

Lohnfortzahlung im Krankheitsfall

Wie lange besteht Anspruch auf Lohnfortzahlung?

Soweit einer Ihrer Arbeitnehmer infolge Krankheit unverschuldet arbeitsunfähig ist, steht ihm – vorausgesetzt, sein Arbeitsverhältnis besteht bereits seit mindestens 4 Wochen – ein Anspruch auf Lohnfortzahlung bis zur Dauer von 6 Wochen zu. Dieser Anspruch bleibt auch dann auf die Dauer von 6 Wochen begrenzt, wenn während einer bereits bestehenden

Arbeitsunfähigkeit eine weitere zur Arbeitsunfähigkeit führende Krankheit hinzutritt und über die Dauer der ersten Krankheit hinaus fortbesteht.

Beispiel

Arbeitnehmer A bricht sich bei einem Verkehrsunfall ein Bein. Nachdem er deshalb bereits 5 Wochen nicht zur Arbeit erscheinen konnte, erkrankt er zusätzlich an einem grippalen Infekt, der ihn für weitere 3 Wochen ans Bett fesselt. Der Anspruch auf Gehaltsfortzahlung besteht also in den letzten zwei Wochen nicht mehr.

Gleiches gilt, wenn Ihr Arbeitnehmer infolge eines bestimmten Grundleidens erneut an derselben Krankheit, beispielsweise einem nicht ausgeheilten Knochenbruch, erkrankt. Auch hier müssen Sie Lohn bzw. Gehalt grundsätzlich nur 6 Wochen pro Jahr weiterzahlen. Eine Ausnahme von dieser Begrenzung besteht dann, wenn Ihr Arbeitnehmer vor einer fortgesetzten Erkrankung über einen Zeitraum von mindestens 6 Monaten nicht infolge derselben Krankheit arbeitsunfähig war oder seit Beginn der ersten Arbeitsunfähigkeit 12 Monate vergangen sind.

Der auf 6 Wochen beschränkte Lohnfortzahlungsanspruch kommt auch bei Schwangerschaftsbeschwerden in Betracht. Nur wenn die Beschwerden keinen Krankheitswert haben, aber aus ärztlicher Sicht eine Beschäftigung ausschließen (z. B. wenn im 5. Monat der Schwangerschaft wegen frühzeitiger Wehen eine vorübergehende Bettruhe erforderlich ist), besteht ein Lohnfortzahlungsanspruch wegen eines Beschäftigungsverbots nach dem Mutterschutzgesetz, der nicht an die 6-Wochen-Grenze gebunden ist.

Wiederholtes Erkranken

Anders ist die Rechtslage hingegen zu beurteilen, wenn Ihr Arbeitnehmer wiederholt erkrankt, ohne dass es sich dabei um dieselbe Krankheit handelt. Selbst wenn die Leiden Ihres Arbeitnehmers gleichartig sind, beispielsweise ein grippaler Infekt, erwirbt er stets einen neuen Anspruch auf Lohnfortzahlung für die Dauer von 6 Wochen, wenn er zwischen diesen Erkrankungen arbeitsfähig war. Ob tatsächlich gearbeitet wurde, ist unerheblich.

Wenn der Arbeitnehmer die Arbeitsunfähigkeit verschuldet hat

Zur Lohnfortzahlung sind Sie dann nicht verpflichtet, wenn Ihr Arbeitnehmer die Arbeitsunfähigkeit verschuldet hat. Verschulden ist bei einem groben Verstoß gegen das im eigenen Interesse zu erwartende Verhalten anzunehmen, z. B. wenn Ihr Arbeitnehmer im Straßenverkehr gegen die Gurtpflicht für Autofahrer bzw. die Helmpflicht für Motorradfahrer verstößt oder einen Verkehrsunfall durch alkoholbedingte Fahruntüchtigkeit verursacht. Auch die mutwillige Missachtung von Unfallverhütungsvorschriften im Betrieb kann den Lohnfortzahlungsanspruch ausschließen. Gleiches gilt für die bewusste Teilnahme an einer Schlägerei.

Sportverletzungen begründen grundsätzlich kein Verschulden des Arbeitnehmers. Dies gilt nicht nur bei regelkonformem Verhalten, sondern – in Grenzen – auch bei regelwidrigem Spiel.

Beispiel
Bei einem Foulspiel beim Fußball bricht sich Arbeitnehmer A den Knöchel. Trotz der Regelwidrigkeit hat er Anspruch auf die Fortzahlung seines Gehalts.

Eine Ausnahme ist lediglich für besonders gefährliche Sportarten zu machen. Um den Arbeitnehmer in seiner privaten Lebensführung jedoch nicht unnötig einzuschränken, werden derartige Risikosportarten in der Praxis von den Gerichten kaum noch anerkannt. So stehen auch Verletzungen, die der Arbeitnehmer sich beim Boxen, Drachenfliegen oder Fingerhakeln zugezogen hat, unter dem Schutz des EFZG. Von der Rechtsprechung als Risikosportart eingestuft wurde dahingegen das Kickboxen. Ungeklärt ist die Rechtslage bisher für das Bungee-Jumping.

Wie verfahren bei Alkoholmissbrauch?

Ob Sie bei den Folgen von Alkoholmissbrauch oder einer Drogenabhängigkeit zur Lohnfortzahlung verpflichtet sind, hängt stark vom Einzelfall ab. Außerdem müssen Sie prüfen, ob und inwieweit der Betroffene die Arbeitsunfähigkeit selbst zu verantworten hat.

Es muss also unterschieden werden:

Eine Abhängigkeit kann in der ersten Phase als eine vorwerfbare und damit leichtfertige Verhaltensweise betrachtet werden. Ist Ihr Arbeitnehmer dann infolge seines Rauschmittelkonsums außerstande, seine vertraglichen Arbeitsverpflichtungen zu erfüllen, entfällt sein Gehalts- oder Lohnfortzahlungsanspruch. Ist Ihr Arbeitnehmer aber nicht mehr imstande, durch seine

Willenskraft den Suchtzwängen zu begegnen, mündet die ursprünglich steuerbar gewesene Verhaltensweise in eine Krankheitsphase. Hier sind Sie dann wie bei den sonstigen Krankheitsfällen zur Lohnfortzahlung verpflichtet.

Wird die Sucht erkannt, muss der Arbeitnehmer eine Entziehungskur machen. Wird er im Anschluss daran erneut rückfällig, hat er die Arbeitsunfähigkeit verschuldet: Jetzt kennt er die aus dem Alkoholkonsum resultierenden Gefahren und hat durch zwischenzeitliche Abstinenz bewiesen, dass er sich dieser Kenntnis eigentlich entsprechend zu verhalten vermag.

Auch bei anderen Suchterkrankungen kann ein Verschulden nicht automatisch unterstellt werden. Ein Anspruch auf Lohnfortzahlung scheidet jedoch aus, wenn Ihr Arbeitnehmer die zur Behandlung seiner Erkrankung ergehenden ärztlichen Anordnungen nicht beachtet und beispielsweise trotz ärztlicher Untersagung weiterhin raucht.

Nachweispflichten des Arbeitnehmers

Ihr Arbeitnehmer ist verpflichtet, Ihnen seine Arbeitsunfähigkeit und deren voraussichtliche Dauer unverzüglich mitzuteilen und, wenn die Arbeitsunfähigkeit länger als 3 Kalendertage andauert, spätestens am vierten Tage eine ärztliche Bescheinigung vorzulegen. Sie sind allerdings grundsätzlich berechtigt, die Vorlage der Arbeitsunfähigkeitsbescheinigung auch ohne konkreten Anlass schon vorher zu verlangen. Solange Ihr Arbeitnehmer der Vorlagepflicht nicht nachkommt, dürfen Sie die Lohnfortzahlung verweigern.

■ Um vermeintliches Krankfeiern von Mitarbeitern zu verhindern bzw. zu erschweren, können Sie in den Arbeitsvertrag die Verpflichtung des Arbeitnehmers aufnehmen, die Arbeitsunfähigkeitsbescheinigung bereits ab dem ersten Krankheitstag vorzulegen. Bestehen Zweifel an der Richtigkeit der Bescheinigung, kann über die Krankenkasse der medizinische Dienst beauftragt werden. ■

Wie hoch ist der Anspruch auf Lohnfortzahlung?

Die Höhe des fortzuzahlenden Entgelts bestimmt sich grundsätzlich nach dem so genannten Lohnausfallprinzip. Danach muss der Arbeitgeber dem Arbeitnehmer während der Arbeitsunfähigkeit das Arbeitsentgelt weiterzahlen, das ihm zustehen würde, wenn er gearbeitet hätte. Bei Angestellten mit festem Monatsgehalt ist demzufolge das Monatsgehalt, bei Arbeiten auf Stundenlohnbasis sind die infolge der Krankheit konkret ausgefallenen Stunden zu vergüten.

Neben den Grundbezügen müssen Sie bei der Berechnung der Anspruchshöhe auch Sachleistungen und leistungsbezogene Gehaltsbestandteile (Akkordlohn, Provision) berücksichtigen. Auszugehen ist dabei von dem im Erkrankungszeitraum erzielbaren Durchschnittsverdienst. Überstundenzuschläge sowie Leistungen für Aufwendungen des Arbeitnehmers, die ausschließlich als Ersatz für erst bei tatsächlicher Arbeitsleistung entstehende Nachteile gedacht sind (z. B. Schmutzzulagen, Fernauslösungen), müssen Sie hingegen nicht zahlen. Entsprechendes gilt nach der Rechtsprechung für die Trinkgelder von Bedienungen in der Gastronomie.

Wann müssen Sie noch Lohn und Gehalt weiterzahlen?

Fortzahlung an Feiertagen und Urlaubsentgelt

Fällt die Arbeit infolge eines gesetzlichen Feiertags aus, müssen Sie dem Arbeitnehmer das Arbeitsentgelt zahlen, das er ohne den Arbeitsausfall erhalten hätte. Erforderlich ist, dass der Feiertag die alleinige Ursache für den Arbeitsausfall gewesen ist. Ein Anspruch entsteht deshalb nicht, wenn die Arbeit auch aus anderen Gründen, z. B. wegen eines Arbeitskampfs, ausgefallen ist.

Während der Dauer seines gesetzlichen Erholungsurlaubs hat jeder Arbeitnehmer einen Anspruch auf Urlaubsentgelt. Dessen Höhe berechnet sich nach dem Durchschnittsverdienst der letzten 13 Wochen. Dies gilt auch für Teilzeitbeschäftigte. Der Urlaubsanspruch selbst wird erstmalig nach sechsmonatigem Bestehen des Arbeitsverhältnisses erworben und beträgt 24 Werktage. Da der Gesetzgeber dabei von einer 6-Tage-Woche ausgeht, die meisten Arbeitnehmer aber in einer 5-Tage-Woche arbeiten, ergibt sich daraus im Normalfall ein gesetzlicher Mindesturlaubsanspruch von 20 Werktagen.

Lohnfortzahlung bei Betriebsstörungen

Nach der von der Rechtsprechung entwickelten so genannten Betriebsrisikolehre hat der Arbeitnehmer ferner auch dann einen Anspruch auf Lohn- und Gehaltsfortzahlung, wenn Sie als Arbeitgeber infolge von wirtschaftlich, rechtlich oder technisch bedingten Betriebsstörungen nicht in der Lage sind, den Arbeitnehmer zu beschäftigen und die Arbeitsleistung entgegenzunehmen. Selbst wenn es sich um längerfristige Arbeitsunterbrechungen handelt, wie sie beispielsweise durch Überschwemmungen, Brand oder auch durch gerichtliche Stilllegungsentscheidungen ausgelöst werden können, bleiben Sie danach grundsätzlich zur Lohn- und Gehaltsfortzahlung verpflichtet.

Unter Berücksichtigung der Mitbestimmungsrechte des Betriebsrats besteht für Sie aber die Möglichkeit, bei einem unvermeidbaren Arbeitsausfall infolge eines unabwendbaren Ereignisses oder aufgrund wirtschaftlicher Gründe für die Dauer von maximal 6 Monaten (Ausnahme: strukturelle Kurzarbeit) Kurzarbeit zu beantragen. Die betroffenen Arbeitnehmer erhalten in dieser Zeit Kurzarbeitergeld vom Arbeitsamt. Sie werden als Arbeitgeber von der eigenen Zahlungsverpflichtung befreit.

Arbeitsverhinderung aus persönlichen Gründen

Darüber hinaus sind Sie verpflichtet das Arbeitsentgelt fortzuzahlen, wenn Ihr Arbeitnehmer aus unverschuldeten persönlichen Gründen für einen kürzeren Zeitraum verhindert ist zu arbeiten. Welche Gründe dies sind, wird in häufig Tarifverträgen oder Betriebsvereinbarungen festgelegt.

Beispiele
Solche typischen Fälle sind besondere Familienereignisse (z. B. Hochzeit, Beerdigung), ein Arztbesuch, dessen Durchführung außerhalb der Arbeitszeit unmöglich ist, die Tätigkeit als ehrenamtlicher Richter, die Stellensuche nach einer Kündigung vor Ablauf der Kündigungsfrist, die Ladung zu Behörden oder Gerichten oder die Pflege und Betreuung erkrankter und im Haushalt des Arbeitnehmers lebender naher Angehöriger oder des Ehegatten.

Haben die Tarifvertragsparteien abschließend und erschöpfend die Lohnfortzahlung für bestimmte Verhinderungsfälle geregelt und konkrete Zeitspannen der Lohnfortzahlung festgelegt, hat der Arbeitnehmer keinen Anspruch bei anderen Fällen, in denen er aus persönlichen Gründen verhindert ist.

Lohnfortzahlung bei strittigen Kündigungen

Nach dem Ausspruch einer Kündigung kommt es oftmals zur gerichtlichen Auseinandersetzung über deren Wirksamkeit. Stellt das Gericht dann im Kündigungsschutzverfahren fest, dass die Kündigung unwirksam war, ist das Arbeitsverhältnis durch die Kündigung nicht beendet worden, sondern besteht fort. Der Arbeitnehmer wird dann für die zurückliegende Zeit eine Fortzahlung des Gehalts verlangen. Juristen sprechen in diesem Fall von „Annahmeverzug", d. h. der Arbeitgeber hat die vom Arbeitnehmer angebotene Arbeit nicht angenommen.

Wichtige Konsequenz für die Betriebspraxis: Obwohl der Arbeitnehmer bis zur gerichtlichen Entscheidung nicht (mehr) gearbeitet hat, besteht ein Lohn- und Gehaltsanspruch, wenn der Mitarbeiter in dieser Zeit arbeitsbereit und arbeitsfähig war. Dies muss er Ihnen gegenüber zwar anzeigen. Es genügt aber bereits, wenn er Kündigungsschutzklage erhoben hat. Das kann insbesondere bei Führungskräften und einem Kündigungsschutzverfahren über mehrere Instanzen schnell sehr teuer werden. Prüfen Sie deshalb, ob nicht eine gerichtliche Auflösung des Arbeitsvertrags beantragt werden kann.

Interessant ist zudem Folgendes: War Ihr Arbeitnehmer zum Zeitpunkt der Kündigung arbeitsunfähig erkrankt und hat er durch die Kündigungsschutzklage bzw. einen sonstwie erklärten Widerspruch seine Leistungsbereitschaft deutlich gemacht, muss er, sobald er wieder gesund ist, Ihnen dies nicht noch einmal eigens anzeigen.

Abschließend sei darauf hingewiesen, dass Sie im Kündigungsschutzprozess den Arbeitnehmer unter Vorbehalt auffordern können zur Arbeit zu erscheinen. Dadurch wird zwar der Annahmeverzug nicht beseitigt. Allerdings muss sich der Arbeitnehmer, sofern er nicht bei der Arbeit erscheint, bei seiner Forderung nach Vergütungsnachzahlung den Betrag anrechnen lassen, den er verdient hätte, falls er die angebotene Tätigkeit doch ausgeübt hätte. Im Ergebnis besteht damit kein Zahlungsanspruch mehr gegen Sie.

■ Bevor Sie als Arbeitgeber den gekündigten Arbeitnehmer im Kündigungsschutzprozess zur Wiederaufnahme der Arbeit auffordern, sollten Sie gut überlegen, ob wirklich die Bereitschaft besteht ihn auch tatsächlich zu beschäftigen. Denn im Zweifelsfall kann die Beschäftigung eines unmotivierten Arbeitnehmers für das Unternehmen wesentlich schädlichere Auswirkungen haben (Rufschädigung bei Kunden etc.) – und teurer werden – als eine Nachzahlung des Gehalts, falls die Kündigung unwirksam ist. Außerdem muss geprüft werden, ob Sie sich mit einer Weiterbeschäftigung nicht in Widerspruch zur Begründung der Kündigung setzten, wie etwa bei einer Kündigung wegen Diebstahls. ■

Welche Schutz- und Fürsorgepflichten Sie als Arbeitgeber haben

Sicherheit am Arbeitsplatz

Neben der Zahlung von Lohn und Gehalt haben Sie auch noch andere Pflichten gegenüber Ihren Mitarbeitern, insbesondere Schutzpflichten. Zunächst einmal sind Sie verpflichtet, Arbeitsplatz und Arbeitsumfeld so zu gestalten, dass Leben und Gesundheit Ihrer Arbeitnehmer nicht gefährdet werden. Die an den jeweiligen Arbeitsplatz zu stellenden Anforderungen ergeben sich dabei im Einzelnen aus den Vorschriften des Arbeitsschutzgesetzes und der Arbeitsstättenverordnung. Hierzu gehört auch die Notwendigkeit einer Arbeitsplatzanalyse.

Diese Vorschriften einzuhalten ist sehr wichtig. Denn entspricht der Arbeitsplatz nicht den dort genannten Bedingungen, kann Ihr Arbeitnehmer berechtigt sein, die Arbeit bei voller Lohn- und Gehaltsfortzahlung zu verweigern. Relevant wird dies z. B. bei Schadstoffen am Arbeitsplatz.

Weiterhin müssen Sie das Beschäftigtenschutzgesetz beachten. Sie sind danach gehalten Ihre Beschäftigten durch geeignete Maßnahmen vor sexuellen Belästigungen am Arbeitsplatz zu schützen. Kommen Sie diesen Verpflichtungen nicht nach, haben die belästigten Mitarbeiter das Recht, ihre Tätigkeit am betreffenden Arbeitsplatz ohne Verlust des Arbeitsentgelts und der sonstigen Bezüge einzustellen.

Worauf Sie bei Telearbeitsplätzen achten müssen

Bei der Telearbeit (S. 14) sind ferner die Vorgaben der Bildschirmarbeitsverordnung einzuhalten. Telearbeit umfasst dabei jede Arbeit – ob im Betrieb oder zu Hause –, bei der Bildschirme, insbesondere also Computermonitore, benutzt werden. Haben Sie Angestellte, die Telearbeit verrichten, müssen Sie bei der Einrichtung ihrer Bildschirmarbeitsplätze u. a. folgende – in der Praxis oftmals noch nicht hinreichend bekannte – Anforderungen an den Arbeitsplatz beachten:

- Die auf dem Bildschirm dargestellten Zeichen müssen scharf, deutlich und ausreichend groß sein sowie einen angemessenen Zeichen- und Zeilenabstand haben.
- Das auf dem Bildschirm dargestellte Bild muss stabil und frei von Flimmern sein; es darf keine Verzerrungen aufweisen.
- Der Bildschirm muss frei von störenden Reflexionen und Blendungen (z. B. durch Fenster, Lampen) sein.
- Das Bildschirmgerät muss frei und leicht drehbar und neigbar sein.
- Der Arbeitsstuhl muss ergonomisch gestaltet und standsicher sein.
- Fenster müssen mit einer geeigneten verstellbaren Lichtschutzvorrichtung ausgestattet sein, durch die sich die Stärke des Tageslichteinfalls auf den Bildschirmarbeitsplatz vermindern lässt.
- Ohne Wissen der Benutzer darf keine Vorrichtung zur qualitativen oder quantitativen Kontrolle verwendet werden.

Was Ihre Fürsorgepflicht bedeutet

Als Arbeitgeber haben Sie gegenüber Ihren Mitarbeitern eine Fürsorgepflicht. Das heißt: Sie müssen darauf achten, zwischen Ihren Interessen als Arbeitgeber, den betrieblichen Interessen und den Interessen Ihrer Mitarbeiter bzw. der Belegschaft einen Ausgleich zu finden. Damit müssen Sie Ihre Rechte aus dem Arbeitsverhältnis so ausüben und die im Zusammenhang mit dem Arbeitsverhältnis stehenden Interessen Ihrer Arbeitnehmer so wahren, wie dies unter Berücksichtigung der Belange des Betriebs und der Interessen der gesamten Belegschaft nach Treu und Glauben möglich ist.

Diese Fürsorgepflicht konkretisiert sich überall dort, wo es an einer gesetzlichen Verhaltensnorm fehlt oder Ihnen durch diese ein Beurteilungsspielraum eingeräumt wird.

Beispiele

So kann Ihre Fürsorgepflicht im Einzelfall etwa darin zum Ausdruck kommen, dass Sie dem Arbeitnehmer einen rauchfreien Arbeitsplatz garantieren, wenn die Einrichtung eines solchen Arbeitsplatzes aus gesundheitlichen Gründen geboten und Ihnen als Arbeitgeber zumutbar ist.

Sofern die Interessen der Raucher berücksichtigt werden, etwa durch die Einrichtung eines Raucherzimmers, können Sie zum Schutz der Nichtraucher durch eine Betriebsvereinbarung auch ein generelles Rauchverbot für den Betrieb festlegen. Nur wenn ein Rauchverbot in bestimmten Produktionsbereichen zur Qualitätssicherung erforderlich ist, beispielsweise in der Chipherstellung, kann es ohne Rücksicht auf die Belegschaft festgelegt werden. In jedem Fall ist aber der Betriebsrat einzubeziehen.

Gleiches gilt für einen Anspruch auf Gewährung unbezahlter Freizeit. So kann es berechtigt sein, dass ein Mitarbeiter, auch wenn er keinen Urlaubsanspruch mehr besitzt, sich einen Tag unbezahlt frei nimmt, weil er am 50-jährigen Hochzeitstag der Eltern teilnehmen möchte – zumindest, wenn keine zwingenden betrieblichen Belange dem entgegenstehen.

Mobbing – was tun?

In der betrieblichen Praxis – und damit möglicherweise auch bei Ihnen – sind in den letzten Jahren immer mehr Fälle eines Phänomens zu beobachten, das schlagwortartig mit dem Begriff „Mobbing" umschrieben wird. Es geht dabei um den „Krieg am Arbeitsplatz", d. h. um die vielfältigen, mehr oder minder subtilen Methoden, mit denen ein Arbeitnehmer aus den unterschiedlichsten Gründen von Kollegen, Vorgesetzten, Arbeitgeber und/oder auch dem Betriebsrat systematisch „fertig gemacht" wird.

■ Die Bandbreite des Mobbing ist erheblich: Von der vermeintlich offenen Kritik über versteckte Beanstandungen, Anspielungen, Scherze, Verweigerung selbstverständlicher Hilfen bis hin zu Schikanen, sexueller Belästigung und Psychoterror sind alle Spielarten zwischenmenschlicher Gemeinheiten denkbar. ■

Mobbing ist nicht nur ein Problem des unmittelbar betroffenen Arbeitnehmers, sondern zugleich ein Problem für Sie als Arbeitgeber. So ist allgemein bekannt, dass der Umfang krankheitsbedingter Fehlzeiten mit steigender Arbeitsunzufriedenheit zunimmt. Auch die Arbeitsergebnisse leiden unter einem schlechten Betriebsklima.

Als Arbeitgeber sind Sie aber auch schon aufgrund Ihrer Fürsorgepflicht gehalten, den Mitarbeiter vor dem Mobbing der Kollegen bzw. Vorgesetzten zu schützen. Gegen die Verantwortlichen können Sie – je nach den Umständen des Einzelfalls – mit Mitteln vorgehen, die von der Rüge oder Ermahnung über die Abmahnung und Versetzung bis hin zur ordentlichen bzw. außerordentlichen Kündigung reichen. Der Arbeitnehmer kann außerdem selbst unmittelbar gegen den Mobber vorgehen und ihn auf Unterlassung und gegebenenfalls Schadensersatz verklagen, in krassen Fällen sogar Strafanzeige erstatten. Weiterhin besteht die Möglichkeit sich beim Betriebsrat zu beschweren und auf diesem Weg auf Abhilfe hinzuwirken.

■ Ein betroffener Arbeitnehmer wird zunächst versuchen sich im Wege der Beschwerde an den unmittelbaren Vorgesetzten zu wenden. In einem Klima des Vertrauens sollte dieser Schritt dem Betroffenen nicht schwer fallen. Als Führungskraft sollten Sie die benötigte Hilfe auch anbieten. Ansonsten kann der Betroffene den betrieblichen Instanzenzug bis zum Personalleiter bzw. Arbeitgeber natürlich auch selbst beschreiten. ■

Besser ist es jedoch, solche Konflikte von vornherein zu vermeiden oder in einem frühen Stadium zu entschärfen. Dazu empfehlen sich frühzeitige Personalgespräche unter Einbeziehung aller Beteiligten. Außerdem sollten Sie deutlich klarstellen, dass Mobbing von Ihnen nicht geduldet und entsprechend sanktioniert wird. Darüber hinaus können Sie im Betrieb Informationsveranstaltungen über die Problematik abhalten sowie spezielle Arbeitskreise einrichten. In Betracht kommt ferner der Abschluss einer Betriebsvereinbarung zum Thema „Mobbing", in der die im Einzelfall anzuwendenden Grundsätze und Reaktionsweisen des Arbeitgebers niedergelegt werden.

Den Inhalt des Arbeitsvertrags durch Weisungen ausgestalten

Was das Direktionsrecht bedeutet

Welche Leistungen Ihre Mitarbeiter konkret erbringen müssen, kann aufgrund der Vielgestaltigkeit der täglichen Aufgaben in einem Arbeitsvertrag nur unvollständig umschrieben werden. Grundsätzlich sind Sie deshalb – kraft Ihres so genannten Direktionsrechts – berechtigt, die dort festgehaltenen Weisungen nach Zeit, Ort und Inhalt im Einzelfall zu konkretisieren. Ihr Weisungsrecht ist umso umfassender, je weniger konkret der Arbeitsvertrag den Umfang und die Art der Leistungen für den Arbeitnehmer bestimmt. Es ist umso enger, je konkreter die Leistungsverpflichtungen vom Arbeitsvertrag vorgegeben werden.

■ Dies hat insbesondere im Hinblick auf die Sozialauswahl bei einer betriebsbedingten Kündigung (Seite 103) Bedeutung. Konkret festgeschriebene Leistungsverpflichtungen im Arbeitsvertrag schränken den Kreis der vergleichbaren und damit in die Sozialauswahl einzubeziehenden Mitarbeiter ein – allerdings um den Preis einer weniger weitreichenden Weisungsbefugnis des Arbeitgebers. Umgekehrt gilt dementsprechend natürlich – und das wird vielfach übersehen: Je weitreichender eine Direktionsklausel im Arbeitsvertrag ausgestaltet wird, desto größer ist die Anzahl der im Rahmen der Sozialauswahl vergleichbaren Arbeitnehmer. ■

Soweit explizite Regelungen im Arbeitsvertrag fehlen, sind Sie dabei aufgrund Ihres Direktionsrechts auch bei einer längeren Beschäftigung zu unveränderten Arbeitsbedingungen grundsätzlich noch berechtigt, die dem Arbeitnehmer vertraut und gewohnt gewordenen Arbeitsbedingungen ohne zwingenden Anlass zu ändern. Ein langjähriger Einsatz auf einem bestimmten Arbeitsplatz führt nicht automatisch dazu, dass sich die Arbeitspflicht auf eine bestimmte Tätigkeit oder Arbeitszeit konkretisiert. Es müssen zusätzliche Umstände hinzutreten, die den Schluss rechtfertigen, der Arbeitnehmer solle künftig nur noch in einer bestimmten Hinsicht beschäftigt werden.

Beispiel
Hat Ihr Mitarbeiter beispielsweise auf Ihr Anraten hin eine Fortbildung gemacht, die ihn für seine Stelle besonders befähigt, können Sie sein angestammtes Tätigkeitsfeld nicht ohne weiteres einseitig verändern.

Wie Ihr Weisungsrecht begrenzt wird

Ihr Direktionsrecht gewährt Ihnen jedoch keine uferlose Weisungsbefugnis, sondern ist durch zwingende Vorgaben höherrangigen Rechts begrenzt.

Gesetzliche Schranken

Begrenzungen ergeben sich insbesondere durch arbeitsrechtliche Schutzvorschriften. Dies gilt beispielsweise für besonders geschützte Arbeitnehmergruppen, wie werdende Mütter, Schwerbehinderte und in der Berufsausbildung befindliche Auszubildende.

Beispiel
Unbeachtlich ist dementsprechend zum Beispiel die Anordnung des Arbeitgebers, ohne Fahrerlaubnis zu fahren oder die gesetzlich vorgeschriebenen Ruhezeiten zu überschreiten.

- Weisungen, die ganz allgemein auf eine Umgehung oder Verletzung von Gesetzen abzielen, sind nichtig und brauchen durch den Arbeitnehmer nicht beachtet zu werden.

Begrenzungen durch Tarifvertrag und Mitbestimmungsrechte des Betriebsrats

Darüber hinaus müssen Sie bei Ihren Entscheidungen zwingende Vorgaben in Tarifverträgen sowie die Mitbestimmungsrechte des Betriebsrats beachten. Dieser hat unter anderem mitzubestimmen, soweit Fragen der Ordnung des Betriebs und des Verhaltens der Arbeitnehmer im Betrieb betroffen sind.

Beispiel
So können Sie, wenn in Ihrem Betrieb ein Betriebsrat besteht, ein betriebliches Rauchverbot nur mit Zustimmung des Betriebsrats anordnen. Gleiches gilt für ein Alkoholverbot sowie das Verbot, während der Arbeit Radio zu hören.

Das Mitbestimmungsrecht des Betriebsrats erstreckt sich vor allem auf:

- Kleiderordnungen und Bekleidungsvorschriften,
- Benutzungsvorschriften hinsichtlich der Behandlung von Firmeneigentum und Firmeneinrichtungen, z. B. Firmenparkplatz, Telefon und Dienstwagen,
- betriebliche Ordnungsmaßnahmen, etwa Vorschriften über die Torkontrolle oder die Benutzung von Werksausweisen,
- Beginn und Ende der täglichen Arbeitszeit einschließlich der Pausen,
- Verteilung der Arbeitszeit auf die einzelnen Wochentage,

- Verkürzung oder Verlängerung der betriebsüblichen Arbeitszeit,
- Einführung oder Abbau von Schichtarbeit,
- Aufstellung von Dienst- oder Schichtplänen,
- die Anordnung von Überstunden,
- Einführung von Rufbereitschaft und gleitender Arbeitszeit.

Weisungen können Sie hier nur unter Beachtung des Mitbestimmungsrechts des Betriebsrats und der mit dem Betriebsrat geschlossenen Betriebsvereinbarungen vornehmen. Enthält der Tarifvertrag dahin gehende Vorgaben, müssen sie ebenfalls von Arbeitgeber und Betriebsrat eingehalten werden. Abweichungen sind grundsätzlich auch durch Individualabsprachen mit den Mitarbeitern nicht möglich.

Das Gebot billigen Ermessens

Neben den bereits erwähnten beschränkenden Vorgaben des Arbeitsvertrags müssen Ihre Anordnungen schließlich dem Gebot billigen Ermessens genügen. Das heißt konkret, Sie müssen für Ihre Weisungen berechtigte betriebliche Interessen ins Feld führen können und dürfen dem Arbeitnehmer keine mit seinem Gewissen unvereinbaren oder sonstwie unzumutbaren Tätigkeiten zuweisen.

Beispiel

So widersetzten sich beispielsweise 2 Forscher eines Pharmaunternehmens erfolgreich der Mitarbeit an der Entwicklung eines Medikaments gegen die Symptome atomarer Verstrahlung. Sie argumentierten dabei mit dem Hinweis, sie könnten es nicht verantworten an der Erforschung eines Mittels mitzuwirken, das in einem Atomkrieg eingesetzt werden könnte. Diese Sichtweise wurde durch das Bundesarbeitsgericht bestätigt.

Worauf achten bei der Versetzung von Mitarbeitern?

Was können Sie tun, wenn Sie einen Arbeitnehmer nicht nur an seinem Arbeitsplatz mit anderen Aufgaben betrauen wollen, sondern ihn an einem anderen Arbeitsplatz oder in einer anderen Niederlassung Ihres Unternehmens beschäftigen wollen?

Für Sie günstig ist es, wenn im Arbeitsvertrag die Möglichkeit einer Versetzung durch eine entsprechende Direktionsklausel aufgenommen wurde (vgl. hierzu S. 30). Dann können Sie, wieder unter Abwägung der beiderseitigen Interessen nach billigem Ermessen, den Arbeitnehmer versetzen.

Beispiel
Grundsätzlich unbillig und deshalb trotz vorhandener Direktionsklausel unzulässig ist die kurzfristige Versetzung eines kurz vor der Pensionsgrenze stehenden Mitarbeiters von Köln nach München. Angesichts des bevorstehenden Ausscheidens aus dem Arbeitsleben besteht hier kein anerkennenswertes Interesse für eine Versetzung mehr.

In Unternehmen mit mehr als 20 Arbeitnehmern bedarf die Versetzung der Zustimmung des Betriebsrats,

- wenn damit eine Arbeitsbereichsveränderung und zugleich eine Änderung der Arbeitsbedingungen verbunden ist
- oder die Maßnahme für länger als einen Monat geplant ist.

Soll die Versetzung in einen anderen Betrieb endgültig sein, müssen Sie – von Fällen der Änderungskündigung abgesehen – nur den Betriebsrat des aufnehmenden Betriebs beteiligen, wenn die Versetzung auf ausdrücklichen Wunsch des Arbeitnehmers erfolgt. Handelt es sich dahingegen um eine zeitlich befristete Versetzung oder besteht ein Recht des Arbeitnehmers zur Rückkehr, sind die Betriebsräte beider Betriebe zu beteiligen. Dies ist auch dann der Fall, wenn der Arbeitnehmer sich einzelvertraglich bereit erklärt hat, kurz- oder mittelfristig einen Auslandseinsatz vorzunehmen, aber eine Rückkehrberechtigung zu dem entsendenden Betrieb besitzt. Da in dieser Zeit die Zugehörigkeit des Arbeitnehmers zum inländischen Betrieb fortbestehen kann, muss geprüft werden, welche Mitbestimmungsrechte des Betriebsrats des entsendenden Betriebs während der Dauer des Auslandsaufenthalts gegeben sind.

Wann können Sie eine Änderungskündigung aussprechen?

Können Sie Ihre betrieblichen Direktiven nicht auf der Grundlage und innerhalb der vereinbarten Vertragsposition realisieren und kommt eine einverständliche Vertragsänderung wegen der fehlenden Zustimmung des Arbeitnehmers nicht zustande, bleibt Ihnen nur die Möglichkeit der Änderungskündigung. Sie hat zum Ziel, den Inhalt des Vertrags zu ändern, nicht aber das Arbeitsverhältnis zu beenden.

Beispiel
Sie entschließen sich den Sitz des Betriebs von Gummersbach nach Köln zu verlegen. Der Arbeitnehmer, mit dem Sie keine ortsbezogene Versetzungsbefugnis im Arbeitsvertrag vereinbart haben, weigert sich in Köln zu arbeiten. Nur durch eine Änderungskündigung können Sie dann eine Arbeitspflicht in Köln begründen.

Wie bei jeder anderen Kündigung auch müssen Sie, wenn ein Betriebsrat besteht, diesen vorher anhören. Dazu müssen Sie ihm den Namen des Mitarbeiters, die Art der Kündigung (ordentlich/außerordentlich) sowie die aus Ihrer Sicht maßgeblichen Kündigungsgründe mitteilen.

■ Achtung: Eine fehlende oder fehlerhafte Anhörung des Betriebsrats führt zur Unwirksamkeit der Kündigung! ■

In Betrieben mit 6 oder mehr Mitarbeitern bedarf es zur Wirksamkeit der Änderungskündigung darüber hinaus noch einer sozialen Rechtfertigung. Dazu muss

- ein Grund im Verhalten, etwa Spannungen unter Kollegen,
- ein Grund in der Person, z. B. krankheitsbedingte Leistungsschwäche,
- oder ein betriebsbedingter Grund

vorliegen, der es rechtfertigt einzelne Vertragspflichten gegen den Willen des Arbeitnehmers zu ändern. Für den in der Praxis besonders wichtigen Fall der betriebsbedingten Änderungskündigung ist erforderlich, dass das Bedürfnis für den bisherigen Arbeitsplatz entfällt bzw. dass eine Weiterbeschäftigung des Arbeitnehmers zu den bisherigen Bedingungen aufgrund inner- oder außerbetrieblicher Umstände nicht mehr möglich ist. Ferner müssen Sie sich darauf beschränken, nur solche Änderungen vorzuschlagen, die Ihr Arbeitnehmer billigerweise hinnehmen muss.

Beispiel

Eine Gehaltskürzung kann mit der Änderungskündigung wegen einer Betriebsverlegung also nicht verbunden werden.

Wann haften Arbeitnehmer für verursachte Schäden?

Obwohl der Arbeitnehmer im Rahmen des Möglichen verpflichtet ist sorgfältig und vorsichtig zu arbeiten, kommt es immer wieder vor, dass Mitarbeiter bei der Verrichtung der ihnen obliegenden Arbeit Sach- oder Personenschäden verursachen. Fehler lassen sich eben nicht vermeiden. So können selbst durch kleinste Unaufmerksamkeiten Schäden erheblichen Ausmaßes entstehen, die in keinem Verhältnis mehr zu der erzielten Vergütung stehen.

Beispiel
Arbeitnehmer A ist bei dem Spediteur B zu einem monatlichen Nettogehalt von 2 000 DM als Kraftfahrer beschäftigt. Auf dem Rückweg von einem Kunden befährt A mit dem Sattelschlepper seines Arbeitgebers eine Bundesstraße. Aufgrund einer kurzen Unaufmerksamkeit verursacht er einen Verkehrsunfall. An dem Sattelschlepper entsteht ein Totalschaden in Höhe von 200 000 DM. Soll A hier wirklich verpflichtet sein, den gesamten Schaden mit der Konsequenz zu tragen, sich über Jahre hinweg verschulden zu müssen?

Da Ihnen als Arbeitgeber der wirtschaftliche Erfolg der Tätigkeit zufließt und Sie das Schadensrisiko besser einschätzen und gegebenenfalls versichern können, hat die Rechtsprechung zugunsten des Arbeitnehmers Grundsätze zur Haftungsminderung entwickelt (s. u.).

Beachten Sie, dass Regelungen in Formulararbeitsverträgen, die den Arbeitnehmer bei Schadensfällen gegenüber den von der Rechtsprechung entwickelten Maßstäben benachteiligen, unwirksam sind. Zulässig ist eine vertragliche Vereinbarung lediglich dann, wenn es um Bereiche geht, die dem alleinigen Zugriff des Arbeitnehmers unterliegen.

Beispiel
Solche Bereiche wären etwa eine Kasse oder der Wareneingang. Erlaubt wäre damit eine Vereinbarung, die den Arbeitnehmer für einen Kassenfehlbestand haftbar macht. Zugleich muss ihm jedoch für das erhöhte Haftungsrisiko ein angemessener Ausgleich gezahlt werden. Diese sog. Fehlgeldentschädigung muss so bemessen sein, dass der Arbeitnehmer aus ihr notfalls einen auftretenden Fehlbetrag abdecken kann.

Bei vorsätzlichem und grob fahrlässigem Verhalten

Hier haftet Ihr Arbeitnehmer Ihnen gegenüber grundsätzlich in vollem Umfang. Bei grober Fahrlässigkeit – hier muss Ihr Arbeitnehmer „von allen guten Geistern verlassen" gewesen sein – sind Haftungserleichterungen zu seinen Gunsten allerdings dann nicht ausgeschlossen, wenn sein Verdienst in einem deutlichen Missverhältnis zum verwirklichten Schadensrisiko der Tätigkeit steht.

Normal fahrlässiges Verhalten: anteilige Haftung

Bei Schadensereignissen, die jedem – auch sorgfältig handelnden Arbeitnehmern – einmal passieren können, wird dem Mitarbeiter lediglich eine anteilige Haftung angelastet, die in der Praxis – obgleich weder Gesetz noch Rechtsprechung eine Haftungshöchstgrenze vorsehen – meist ohne Rücksicht auf die Höhe des entstandenen Schadens nicht über drei Bruttomonatsbezüge ausgedehnt wird. Die Höhe der Beteiligung richtet sich u. a. nach dem Grad des dem Arbeitnehmer zur Last fallenden Verschuldens, der Schadensgeneigtheit der Arbeit, der Höhe des Schadens, nach dem von Ihnen als Arbeitgeber einkalkulierten oder durch Versicherung abdeckbaren Risiko, der Stellung des Arbeitnehmers in Ihrem Betrieb und der Höhe des Arbeitsentgelts, in dem möglicherweise eine Risikoprämie enthalten ist. Auch persönliche Verhältnisse des Arbeitnehmers, wie die Dauer seiner Betriebszugehörigkeit, sein Lebensalter, seine Familienverhältnisse und sein bisheriges Verhalten, spielen eine Rolle.

Bei leichtester Fahrlässigkeit keine Haftung

Bei Schadensfällen, die trotz Sorgfalt an sich kaum vermeidbar sind, haftet Ihr Arbeitnehmer überhaupt nicht. Hier sollten Sie sich durch entsprechende Versicherungen absichern.

Wenn Dritte zu Schaden kommen

Soweit Ihr Arbeitnehmer im Zusammenhang mit der Erfüllung seiner Aufgabenverpflichtungen rechtswidrig und schuldhaft einem Dritten einen Schaden zufügt, ist er diesem zwar im Außenverhältnis zunächst auch dann voll verantwortlich und haftbar, wenn er nur leicht fahrlässig gehandelt hat. Im Innenverhältnis kann er aber von Ihnen als Arbeitgeber verlangen, gegenüber dem Dritten von der Haftung entsprechend den vorstehend dargelegten Grundsätzen über die Haftungsminderung freigestellt zu werden. Hier macht sich also eine Betriebshaftpflicht bemerkbar.

Verursacht Ihr Arbeitnehmer durch seine betrieblich veranlasste Tätigkeit schuldhaft Schäden an Körper oder Gesundheit eines anderen Mitarbeiters, so ist er von einer Schadensersatzpflicht befreit, wenn der Arbeitsunfall nicht vorsätzlich herbeigeführt wurde oder der Schaden bei der Teilnahme am allgemeinen Verkehr entstanden ist. Der Verletzte muss sich in diesem Fall an die gesetzliche Unfallversicherung wenden.

Klärung von Meinungsverschiedenheiten und Streitigkeiten

Streitigkeiten zwischen Arbeitgeber und Arbeitnehmer

Für alle bürgerlichen Rechtsstreitigkeiten zwischen Arbeitnehmern oder ihren Hinterbliebenen und Arbeitgebern, die mit dem Arbeitsverhältnis zusammenhängen, ist der Rechtsweg zu den Arbeitsgerichten eröffnet. Ohne Rücksicht auf die Höhe des Streitwerts ist eine Klage in erster Instanz danach also vor dem örtlich zuständigen Arbeitsgericht zu erheben. Örtlich zuständig ist dabei das Arbeitsgericht, an dem der Beklagte seinen allgemeinen Gerichtsstand hat. Bei natürlichen Personen ist dies der Wohnsitz, bei juristischen Personen (AG, GmbH) der Geschäftssitz.

Gegen ein erstinstanzliches Urteil des Arbeitsgerichts kann Berufung zum Landesarbeitsgericht z. B. dann eingelegt werden, wenn der Beschwerdewert 800 DM übersteigt. Bei Bestandsschutzstreitigkeiten, insbesondere einer Kündigungsschutzklage, ist das Rechtsmittel der Berufung immer möglich. Die Endurteile des Landesarbeitsgerichts wiederum unterliegen der zuzulassenden Revision an das Bundesarbeitsgericht, wenn es sich um eine Entscheidung von grundsätzlicher Bedeutung handelt oder das Landesarbeitsgericht von einer Entscheidung des Bundesarbeitsgerichts oder eines anderen Landesarbeitsgerichts abweicht. Aufgabe des Bundesarbeitsgerichts ist es dabei, im Interesse der Einheitlichkeit der Rechtsprechung und der Rechtssicherheit die entsprechenden Leitentscheidungen zu erlassen.

Hinzuweisen ist noch auf die gegenüber dem „normalen" Zivilprozess bestehende Besonderheit, dass in der ersten Instanz die obsiegende Partei keinen Anspruch auf Erstattung von Kosten wegen Zeitversäumnis und wegen Hinzuziehung eines Prozessbevollmächtigten (z. B. Rechtsanwalt) hat. Grund hierfür ist der Gedanke, dass der Arbeitnehmer nicht durch die Befürchtung, den Rechtsanwalt des Arbeitgebers bezahlen zu müssen, von einer Klage abgehalten werden soll. Da danach jede Partei ihren Rechtsanwalt selbst zu finanzieren hat, kann es im Einzelfall passieren, dass trotz vollen Obsiegens des Arbeitnehmers der eingeklagte Betrag durch die entstandenen Rechtsanwaltskosten aufgezehrt wird. Gewerkschaften und Arbeitgebervereinigungen gewähren ihren Mitgliedern allerdings kostenlosen Rechtsbeistand. Im Übrigen kann nur eine Rechtsschutzversicherung helfen.

■ In der ersten Instanz besteht kein Anwaltszwang. ■

Meinungsverschiedenheiten zwischen Arbeitgeber und Betriebsrat

Bei Meinungsverschiedenheiten zwischen Arbeitgeber und Betriebs- bzw. Gesamtbetriebsrat ist zwischen Rechts- und so genannten Regelungsstreitigkeiten zu unterscheiden. Rechtsstreitigkeiten sind Meinungsverschiedenheiten darüber, was unter Berücksichtigung gesetzlicher, kollektivrechtlicher oder einzelvertraglicher Regelungen rechtmäßig ist. Hierüber entscheiden allein die Arbeitsgerichte.

Regelungsstreitigkeiten bezeichnen demgegenüber Meinungsverschiedenheiten zwischen den betrieblichen Sozialpartnern darüber, was rechtens sein soll. Geht es um derartige Regelungsfragen und gelingt es den betrieblichen Sozialpartnern nicht, in einer der Beteiligung des Betriebsrats unterworfenen Angelegenheit zu einer einvernehmlichen Lösung zu gelangen, entscheidet eine für diesen Fall zu bildende betriebliche Einigungsstelle.

In lediglich der Mitwirkung des Betriebsrats unterliegenden Fragen, wie z. B. der Einrichtung einer Werkskantine, ist der Spruch der Einigungsstelle für die Betriebspartner nur bindend, wenn beide Seiten sich dem Spruch im Voraus unterworfen oder ihn nachträglich angenommen haben. Bei einer der erzwingbaren Mitbestimmung des Betriebsrats unterworfenen Angelegenheit, z. B. dem Abschluss einer Gleitzeitregelung, der Durchführung von Überstunden oder der Einrichtung von Bildschirmarbeitsplätzen oder Bürokommunikationssystemen, ersetzt der Spruch der Einigungsstelle die mangelnde Verständigung von Arbeitgeber und Betriebsrat. In diesen Fällen hat der Spruch der Einigungsstelle den Rechtscharakter einer Betriebsvereinbarung.

Die Einigungsstelle besteht dabei aus einer gleichen Anzahl von Beisitzern, die vom Arbeitgeber und vom Betriebsrat benannt werden. Der Vorsitzende der betrieblichen Einigungsstelle wird durch die betrieblichen Sozialpartner bestimmt. Können sich Arbeitgeber und Betriebsrat auf dessen Person nicht verständigen, entscheidet das zuständige Arbeitsgericht.

Die Beendigung des Arbeitsverhältnisses

Sich einvernehmlich trennen durch Aufhebungsvertrag

Richtig vorgehen bei der Kündigung

Welche Grenzen Ihnen durch den Kündigungsschutz gesetzt werden

Abmahnen und kündigen bei Fehlverhalten

Wenn der Mitarbeiter nicht der Richtige ist:
die personenbedingte Kündigung

Aus betriebsbedingten Gründen kündigen

Was kommt nach der Kündigung?

Wenn der Mitarbeiter kündigt

Steuerliche Behandlung von Abfindungen

Was Sie bei der Zeugnisausstellung beachten müssen

Sich einvernehmlich trennen durch Aufhebungsvertrag

Als Arbeitgeber können Sie jederzeit einvernehmlich die Aufhebung des bestehenden Arbeitsvertrags mit Ihrem Mitarbeiter festlegen. Ein solcher Aufhebungsvertrag unterliegt nicht den Kündigungsschutzvorschriften. Sie können ihn daher auch mit Mitarbeitern abschließen, die nicht oder nur unter eingeschränkten Bedingungen kündbar sind (z. B. Schwerbehinderte, werdende Mütter).

■ Doch Vorsicht: Bei überraschenden und nachteiligen Klauseln im Aufhebungsvertrag kann sich für Sie unter Umständen eine Hinweis- bzw. Aufklärungspflicht gegenüber Ihrem Arbeitnehmer ergeben. ■

Hat der Arbeitnehmer ein Widerrufs- oder Anfechtungsrecht?

Wurde in Tarifverträgen oder Betriebsvereinbarungen die Verpflichtung vereinbart, dem Arbeitnehmer nach Abschluss eines Aufhebungsvertrags eine Bedenkzeit oder ein Recht zum Widerruf innerhalb von beispielsweise 3 Tagen einzuräumen, kann der Arbeitnehmer den Aufhebungsvertrag in dieser Frist widerrufen. Soweit in den Kollektivvereinbarungen ein Verzicht auf diese Bedenkzeit für zulässig erklärt ist, reicht es aus, wenn der Arbeitnehmer auf sein Widerrufsrecht im Aufhebungsvertrag selbst verzichtet.

Obgleich ohne ausdrückliche Vereinbarung keine Bedenkzeit oder ein Widerrufsrecht gewährt werden muss, sollten Sie dem Arbeitnehmer vor Unterzeichnung eines Aufhebungsvertrags gleichwohl eine ausreichende Überlegungszeit einräumen. Dies gebietet die Fairness und vermeidet spätere Streitigkeiten über die Wirksamkeit der Vereinbarung.

Denn: Kommt der Aufhebungsvertrag lediglich unter dem Hinweis auf eine andernfalls erfolgende arbeitgeberseitige Kündigung zustande, wird Ihr Mitarbeiter nach Abschluss des Aufhebungsvertrags oftmals versucht sein, seine Willenserklärung mit dem Hinweis anzufechten, Sie hätten ihn unter Druck gesetzt und arglistig getäuscht. Erfolg hat eine derartige Anfechtung allerdings nur dann, wenn ein verständiger Arbeitgeber eine Kündigung nicht ernsthaft in Betracht ziehen durfte. Demgegenüber reicht bloßer Zeitdruck allein als Anfechtungsgrund nicht aus.

Lässt sich eine Täuschung durch Sie als Arbeitgeber (z. B. über die Erfolgsaussichten einer betriebsbedingten Kündigung) tatsächlich feststellen, so ist der Aufhebungsvertrag unwirksam und das Arbeitsverhältnis zwischen Ihnen und Ihrem Mitarbeiter besteht fort.

Tipps für einen Aufhebungsvertrag

Wenn Sie Ihren Mitarbeiter bis zur Vertragsbeendigung von der Erfüllung seiner Arbeitspflicht freistellen, sollte dies unter Anrechnung etwaiger Resturlaubsansprüche und Zeitguthaben erfolgen. Andernfalls besteht die Gefahr, dass Ihr Arbeitnehmer diesbezüglich entsprechende Nachforderungen geltend machen kann. Falls der Aufhebungsvertrag dem Arbeitnehmer darüber hinaus die Möglichkeit eröffnet, einseitig eine vorzeitige Vertragsbeendigung herbeizuführen, sollten Sie zudem klarstellen, dass gegebenenfalls bestehende Resturlaubsansprüche bereits *in natura* gewährt wurden.

Unabhängig davon sollten in dem Aufhebungsvertrag alle Zahlungsansprüche des Arbeitnehmers bis zur Vertragsbeendigung mit ihrem Betrag und dem genauen Zeitpunkt der Fälligkeit aufgeführt werden. Auf diese Weise vermeiden Sie zukünftige Auseinandersetzungen insbesondere bei leistungs- und erfolgsbezogenen Vergütungsbestandteilen. Gleiches gilt im Hinblick auf sonstige Zahlungsansprüche wie z. B. Vorschuss- und Darlehenszahlungen. Auch hier muss geklärt werden, welche über Lohn und Gehalt hinausgehenden finanziellen Verpflichtungen bestehen.

■ Weiterhin sollten Sie möglichst bereits zum Zeitpunkt des Abschlusses des Aufhebungsvertrags über den Zeugnistext (vgl. hierzu S. 118) Einvernehmen erzielen. ■

Der Nachteil eines Aufhebungsvertrags für den Arbeitnehmer besteht in der zwölfwöchigen Sperrzeit. Er kann also erst 12 Wochen nach Vertragsende mit der Zahlung von Arbeitslosengeld rechnen. Darüber hinaus wird der Anspruch auf Arbeitslosengeld um mindestens $^1/_4$ der Gesamtdauer gekürzt. Unabhängig davon zieht die Zahlung einer Urlaubsabgeltung oder einer Abfindung ein Ruhen des Arbeitslosengeldanspruchs von bis zu einem Jahr nach sich, wenn das Arbeitsverhältnis durch den Aufhebungsvertrag vor Ablauf der Kündigungsfrist endet. Dies gilt auch bei ordentlich unkündbaren Arbeitnehmern, z. B. älteren Mitarbeiten mit tariflichem Sonderkündigungsschutz. Hier wird eine Kündigungsfrist von 18 Monaten unterstellt.

Um Klarheit zu schaffen und künftigen Streit über etwaig noch bestehende wechselseitige Ansprüche zu vermeiden, sollten Sie in den Aufhebungsvertrag eine so genannte Ausgleichsklausel mit aufnehmen. Deren Wortlaut könnte – soweit man ihren Anwendungsbereich möglichst weit fassen möchte – z. B. wie folgt lauten:

„Es besteht Einigkeit zwischen den Parteien, dass mit Abschluss dieses Vertrags und Erfüllung der darin geregelten Pflichten alle wechselseitigen Ansprüche aus dem Arbeitsverhältnis (einschließlich etwaiger Nebenabreden) und aus Anlass seiner Beendigung ohne Rücksicht auf ihren Rechtsgrund – bekannt oder unbekannt – erfüllt sind."

Richtig vorgehen bei der Kündigung

Es ist keine angenehme Sache, aber aus verschiedenen Gründen wird es doch immer wieder notwendig: einem Mitarbeiter zu kündigen. Damit Sie keine Kündigungsschutzklage oder Nachzahlungen riskieren, sollten Sie bei dieser heiklen Angelegenheit überlegt vorgehen.

Es gibt verschiedene Möglichkeiten, sich von einem Mitarbeiter zu trennen:

- Die ordentliche Kündigung ist „der Normalfall". Sie beinhaltet die Erklärung, das Arbeitsverhältnis mit Ablauf der Kündigungsfrist zu beenden.

- Im Gegensatz dazu beendet die außerordentliche Kündigung das Arbeitsverhältnis im Regelfall fristlos. Sie ist daher auch nur bei Vorliegen eines wichtigen Grundes gerechtfertigt.
- Eine dritte Möglichkeit stellt eine Alternative zur endgültigen Trennung dar: Die Änderungskündigung hat zum Ziel, das Vertragsverhältnis unter veränderten Bedingungen weiter bestehen zu lassen. Der Vertrag wird nur beendet, wenn der Mitarbeiter das Änderungsangebot ablehnt.

■ Eine Kündigung bereits vor Vertragsantritt ist statthaft, wenn nichts Abweichendes vereinbart wurde. Fehlen dahingehende Regelungen, müssen die bei Vertragsbeginn geltenden Kündigungsfristen beachtet werden. ■

Die Kündigung erklären

Wenn Sie das Arbeitsverhältnis beenden wollen, müssen Sie gegenüber dem betreffenden Mitarbeiter mit hinreichender Deutlichkeit zum Ausdruck bringen, dass nach Ihrem Willen die Vertragsbeziehungen ein Ende finden sollen. Nicht erforderlich dabei ist, dass Sie den Ausdruck „Kündigung" verwenden.

Beispiel

Als ausreichend ist es beispielsweise angesehen worden, wenn ein gewerblicher Arbeiter erklärt, er wolle die „Fleppen" haben, was die Forderung nach Aushändigung seiner Papiere und somit eine Kündigung bedeutet. Hingegen kann es nicht als Kündigungserklärung gedeutet werden, wenn eine schwangere Arbeitnehmerin, die praktisch unkündbar ist, im Streit mit dem Arbeitgeber erklärt, „das mache sie nicht weiter mit", und damit das Gespräch beendet.

Wenn Sie als Führungskraft Ihr eigenes Arbeitsverhältnis kündigen wollen, denken Sie daran, dass für den Bezug von Arbeitslosengeld eine Sperrzeit von 3 Monaten eintritt. Außerdem mindert sich die Dauer des Arbeitslosengeldanspruchs. Einer Kürzung der Leistungsdauer können Sie nach der Rechtsprechung nur dann entgehen, wenn Sie sich mit Ihrer Arbeitslosmeldung ein Jahr gedulden oder einen wichtigen Grund zur Kündigung hatten. Nicht ausreichend ist es dabei, wenn Sie mit der Antragstellung bis zum Ablauf der regulären Kündigungsfrist für arbeitgeberseitige Kündigungen warten.

Welche Form muss die Kündigung haben?

Grundsätzlich sind auch mündlich ausgesprochene Kündigungen wirksam. Schon aus Beweisgründen sollten Sie allerdings die Kündigung besser schriftlich erklären. Die Schriftform ist für besondere Personengruppen wie etwa Auszubildende oder werdende Mütter gesetzliche Vorschrift. In diesen Fällen sowie dann, wenn in Kollektiv- oder Einzelarbeitsvertrag entsprechende Vereinbarungen aufgenommen worden sind, ist die Schriftform Voraussetzung dafür, dass die Kündigung überhaupt wirksam wird.

Verlangen Arbeitsvertrag, Betriebsvereinbarung oder Tarifvertrag darüber hinaus eine besondere Versendungsart, z. B. „per Einschreiben", ändert ein Verstoß hiergegen nichts an der Wirksamkeit der Kündigungserklärung. Es verschlechtert sich für den Absender lediglich die Beweisbarkeit ihres Zugangs. Da ein eingeschriebener Brief bei verweigerter Annahme oder Niederlegung am Postamt nicht zugeht, die Kündigung im

Zweifel also nicht wirksam wird, ist eine solche Vereinbarung jedoch nicht zu empfehlen.

Müssen Sie Gründe angeben?

Sie müssen grundsätzlich keine Kündigungsgründe angeben. Etwas anderes gilt nur, soweit abweichende gesetzliche (z. B. bei werdenden Müttern) oder vertragliche Regelungen dies fordern: Ohne Angabe von Gründen ist die Kündigung in solchen Fällen unwirksam.

Ist die Kündigung zugegangen?

Um das Arbeitsverhältnis zu beenden, ist der Zugang der Kündigungserklärung zwingend erforderlich. Ist der betroffene Mitarbeiter anwesend, gilt

- die mündliche Erklärung der Kündigung als zugegangen, wenn sie der Empfänger akustisch richtig verstanden hat oder wenn nach den Umständen am akustisch richtigen Verstehen kein vernünftiger Zweifel bestehen konnte,
- die schriftliche Kündigungserklärung als zugegangen, wenn Sie sie dem Betroffenen übergeben haben.

Ist der Betroffene abwesend, ist eine schriftliche Kündigungserklärung dann zugegangen, wenn sie in den Herrschaftsbereich des Empfängers (Briefkasten, Postfach) gelangt und unter normalen Umständen mit der Kenntnisnahme zu rechnen ist. Dies gilt auch, wenn der Mitarbeiter wegen Krankheit oder Urlaub abwesend ist. Sie müssen also nicht bis zu seiner Rückkehr warten.

■ Noch ein paar Sonderfälle: Selbst wenn Sie wissen, dass sich der Arbeitnehmer in Untersuchungshaft oder in Auslieferungshaft im Ausland befindet, gilt das Kündigungsschreiben als zugegangen, wenn Sie es an seine Heimatanschrift gerichtet haben. Gleiches gilt, wenn er im Urlaub ist und Ihnen sogar seine Urlaubsanschrift mitgeteilt hat. ■

Eine Kündigungsschutzklage bei Gericht kann grundsätzlich nur innerhalb von 3 Wochen nach Zugang der Kündigung erhoben werden kann. Andernfalls gilt Ihre Kündigung grundsätzlich als von Anfang an rechtswirksam und das Arbeitsverhältnis zu Ihrem Mitarbeiter ist – nach Ablauf der Kündigungsfrist – endgültig beendet. Falls Ihr Arbeitnehmer unverschuldet an der Fristwahrung gehindert war, kann er allerdings eine nachträgliche Zulassung seiner Klage beantragen.

Fristen für die ordentliche Kündigung

Bei der ordentlichen Beendigungskündigung müssen Sie die gesetzlichen, im Tarifvertrag, der Betriebsvereinbarung oder im Arbeitsvertrag festgehaltenen Kündigungsfristen beachten. Die gesetzliche Grundkündigungsfrist beträgt dabei für Arbeiter und Angestellte 4 Wochen zum 15. oder zum Ende eines Kalendermonats. Diese Frist erhöht sich für Sie als Arbeitgeber stufenweise, je nachdem, wie lange der Mitarbeiter im Unternehmen beschäftigt ist:

Betriebs-zugehörigkeit	**Kündigungsfristen**
2 Jahre	1 Monat zum Ende eines Kalendermonats
5 Jahre	2 Monate zum Ende eines Kalendermonats
8 Jahre	3 Monate zum Ende eines Kalendermonats
10 Jahre	4 Monate zum Ende eines Kalendermonats
12 Jahre	5 Monate zum Ende eines Kalendermonats
15 Jahre	6 Monate zum Ende eines Kalendermonats
20 Jahre	7 Monate zum Ende eines Kalendermonats

Bei der Berechnung der Beschäftigungsdauer werden Zeiten, die vor der Vollendung des 25. Lebensjahres des Arbeitnehmers liegen, nicht berücksichtigt. Während einer vereinbarten Probezeit bis zur Dauer von 6 Monaten kann das Arbeitsverhältnis beiderseits mit einer Frist von 2 Wochen gekündigt werden.

Abweichende Vereinbarungen durch Tarifvertrag oder im Arbeitsvertrag sind möglich. Eine gegenüber den gesetzlichen Kündigungsfristen kürzere Frist können Sie einzelvertraglich allerdings nur vereinbaren, wenn

- Ihr Arbeitnehmer nicht länger als 3 Monate zur vorübergehenden Aushilfe eingestellt ist oder
- Sie in der Regel nicht mehr als 20 Arbeitnehmer beschäftigen und die Kündigungsfrist 4 Wochen nicht unterschreitet.

Checkliste: ordentliche Kündigung

Die ordentliche Kündigung	✓
1. Kündigung erklären Abgabe und Zugang als einseitige empfangsbedürftige Willenserklärung, grundsätzlich formfrei (ausnahmsweise Schriftformerfordernis gegenüber Auszubildenden, werdenden Müttern oder bei Vereinbarung)	
2. Kündigungsgründe angeben notwendig nur gegenüber Auszubildenden, werdenden Müttern, bei besonderer Vereinbarung und bei Betriebsratsanhörung	
3. Kein Kündigungsverbot? z. B. werdende Mütter	
4. Berücksichtigung besonderer Zustimmungs- und Anzeigeerfordernisse, z. B. Schwerbehinderte	
5. Ordnungsgemäße Beteiligung von Betriebsrat, Personalrat oder Sprecherausschuss	
6. Soziale Rechtfertigung nach KSchG	
7. Ablauf der Kündigungsfrist Wird die Dreiwochenfrist zur Erhebung einer Kündigungsschutzklage versäumt, schließt dies grundsätzlich die Rüge der fehlenden sozialen Rechtfertigung aus.	

Beispiel
Unzulässig ist beispielsweise eine Klausel im Arbeitsvertrag, wonach Sie als Arbeitgeber berechtigt sind, das Arbeitsverhältnis mit einer Kündigungsfrist von lediglich 3 Wochen zum Monatsende zu kündigen.

Wird die Kündigung mit einer kürzeren als der erforderlichen Frist ausgesprochen, ist sie nicht unwirksam, sondern wirkt zum nächstzulässigen Termin.

Zu beachten ist schließlich, dass die Kündigung nicht nur fristgerecht (z. B. Kündigungsfrist 6 Monate), sondern auch termingerecht (z. B. zum Monatsende) erfolgen muss. Besondere Bedeutung erlangt dieser Umstand immer dann, wenn Arbeitgeber und Arbeitnehmer einzelvertraglich von der gesetzlichen Grundkonzeption abweichende Kündigungsfristen und -termine vereinbart haben. Zulässig sind solche Vereinbarungen auch für Kündigungen des Arbeitnehmers, sofern die für ihn geltenden Fristen die des Arbeitgebers nicht übersteigen.

■ Vereinbaren Sie Kündigungsfristen am besten immer zum Monatsende. So vermeiden Sie, dass die Klausel im Widerspruch zu den gesetzlichen Fristen steht. ■

Keinen Fehler machen bei der außerordentlichen Kündigung

Eine außerordentliche (fristlose) Kündigung sollten Sie nur aussprechen, wenn ein wirklich schwer wiegender Grund vorliegt, sodass der Zusammenarbeit jegliche Basis entzogen ist. Das Vertrauensverhältnis zwischen Ihnen und Ihrem Mitarbeiter muss so nachhaltig zerrüttet sein, dass es Ihnen nicht zuzumuten ist das Vertragsverhältnis noch bis zum Auslaufen der Kündigungsfrist aufrechtzuerhalten.

Ob ein wichtiger Grund gegeben ist, können Sie dabei in zwei Schritten prüfen:

1 Prüfen Sie zuerst, ob der in Rede stehende Sachverhalt an sich ein geeigneter Kündigungsgrund sein könnte. Hierbei scheiden solche Umstände aus, die sich nach objektiver Bewertung nicht besonders nachteilig auf das Arbeitsverhältnis auswirken können. So wäre etwa gelegentliches Zuspätkommen kein Grund für eine fristlose Entlassung, sondern könnte allenfalls eine ordentliche Kündigung rechtfertigen. Ein wichtiger Grund kann jedoch z. B. sein:

   - die Vorlage gefälschter Zeugnisse,
   - der eigenmächtige Urlaubsantritt,
   - die grobe Beleidigung des Arbeitgebers, von Vorgesetzten oder Mitarbeitern, sofern sie den Betriebsfrieden stört,
   - das Vortäuschen von Krankheiten oder
   - das Begehen strafbarer Handlungen während oder im Zusammenhang mit der Arbeit

2 In einem zweiten Schritt ist zu prüfen, ob es Ihnen tatsächlich nicht mehr zuzumuten ist das Beschäftigungsverhältnis bis zum Ablauf der Kündigungsfrist aufrechtzuerhalten. Hier sind alle Umstände des Einzelfalls sowie Ihre und die Interessen des Mitarbeiters zu berücksichtigen.

Auf Zweiwochenfrist achten

Eine außerordentliche Kündigung muß innerhalb einer Ausschlussfrist von 2 Wochen seit sicherer Kenntnis der Kündigungsgründe ausgesprochen werden. Das heißt, sobald Ihnen der Kündigungssachverhalt bekannt ist, müssen Sie innerhalb von 14 Tagen reagieren. Ein bloß vager Verdacht, dass ein wichtiger Grund vorliegen könnte, löst die Zweiwochenfrist noch nicht aus.

Beispiel
So können Sie bei noch ungeklärten strafbaren Handlungen Ihres Mitarbeiters den Ausgang des Strafverfahrens abwarten, ohne dass die Ausschlussfrist läuft. Etwas anderes gilt allerdings grundsätzlich dann, wenn Ihr Arbeitnehmer den Vorfall zugegeben hat.

An diesem Punkt scheitern in der Praxis viele außerordentliche Kündigungen. Deshalb ist hier besondere Sorgfalt geboten. Insbesondere sollten Sie für eine zügige Aufklärung des Sachverhalts sorgen!

Sprechen Sie die außerordentliche Kündigung nach der Ausschlussfrist aus, ist sie unwirksam. In Betrieben mit 6 oder mehr Arbeitnehmern muss der betroffene Mitarbeiter allerdings ebenfalls zügig reagieren, will er gegen die Kündigung vorgehen: Er hat nach Zugang der Kündigung nur 3 Wochen Zeit, um sie vor dem Arbeitsgericht wegen Fehlens eines wichtigen Grundes oder des Ablaufs der zweiwöchigen Ausschlussfrist anzugreifen. Andernfalls gilt die Kündigung als von Anfang an wirksam.

Checkliste: außerordentliche Kündigung

Die außerordentliche Kündigung	✓
1. Kündigungserklärung Abgabe und Zugang als einseitige empfangsbedürftige Willenserklärung, grundsätzlich formfrei (ausnahmsweise Schriftformerfordernis gegenüber Auszubildenden, werdenden Müttern oder bei Vereinbarung)	
2. Angabe der Kündigungsgründe notwendig nur gegenüber Auszubildenden, werdenden Müttern, bei besonderer Vereinbarung und bei einer Betriebsratsanhörung	
3. Kein Kündigungsverbot? Z. B. werdende Mütter, Mitarbeiterinnen im Erziehungsurlaub	
4. Berücksichtigung besonderer Zustimmungs- und Anzeigeerfordernisse, z. B. Schwerbehinderte	
5. Ordnungsgemäße Beteiligung von Betriebsrat, Personalrat oder Sprecherausschuss	
6. Vorliegen eines wichtigen Grundes	
7. Einhaltung der zweiwöchigen Kündigungserklärungsfrist Wird die Dreiwochenfrist zur Erhebung einer Kündigungsschutzklage versäumt, schließt dies grundsätzlich die Rüge des Fehlens eines wichtigen Grundes oder der Nichtbeachtung der Kündigungserklärungsfrist aus.	

Was bringt eine Änderungskündigung?

Streben Sie eine Änderung der inhaltlichen Ausgestaltung des Vertrags an und gelingt es Ihnen nicht, sich darüber mit dem Mitarbeiter zu verständigen, bleibt Ihnen nur die Möglichkeit einer Änderungskündigung (vgl. bereits S. 31). Im Normalfall spricht man dazu eine Beendigungskündigung aus, die man aber mit dem Angebot verbindet, das Arbeitsverhältnis ab einem bestimmten Zeitpunkt zu geänderten Konditionen fortzusetzen. Die neuen Bedingungen müssen indes im Einzelnen genannt werden.

Nach Ausspruch einer Änderungskündigung hat Ihr Mitarbeiter drei Möglichkeiten zu reagieren:

- Einerseits kann er die geänderten Arbeitsbedingungen vorbehaltlos akzeptieren. Dann wird das Arbeitsverhältnis zu den neuen Bedingungen von dem im Angebot bestimmten Zeitpunkt an fortgesetzt.
- Andererseits kann er Ihr Änderungsangebot auch ablehnen. In diesem Fall bleibt es bei der Beendigungskündigung. Deren etwaige Sozialwidrigkeit (vgl. S. 105) kann der Arbeitnehmer nur innerhalb von 3 Wochen nach Zugang der Kündigung mit der Kündigungsschutzklage gerichtlich angreifen.
- Daneben räumt das Kündigungsschutzgesetz dem Arbeitnehmer die Möglichkeit ein, Ihr Änderungsangebot unter dem Vorbehalt anzunehmen, dass die Änderung der Arbeitsbedingungen nicht sozial ungerechtfertigt ist. Diesen Vorbehalt muss er Ihnen (nicht dem Gericht!) gegenüber innerhalb der Kündigungsfrist, spätestens innerhalb von 3 Wochen nach Zugang der Kündigung, erklären.

Klagt der Mitarbeiter nach rechtzeitig erklärtem Vorbehalt gegen die Änderungskündigung und hat seine Änderungsschutzklage Erfolg, so gilt die Änderungskündigung als von Anfang an unwirksam. Dann muss der Mitarbeiter von Ihnen zu den ursprünglichen Arbeitsbedingungen weiterbeschäftigt werden. In diesem Fall müssen Sie, falls Sie nach der Änderungskündigung ein geringeres Gehalt gezahlt haben, Ihrem Arbeitnehmer die Differenz zwischen dem ursprünglichen und dem tatsächlich gezahlten Gehalt für diese Zeit nachzahlen. Verliert Ihr Arbeitnehmer dahingegen den Prozess bzw. erhebt er die Änderungsschutzklage nicht rechtzeitig, so wird sein Vorbehalt wirkungslos und es bleibt bei den neuen Arbeitsbedingungen.

Der Kündigungsschutz durch die Beteiligung des Betriebsrats

In Betrieben, in denen ein Betriebsrat besteht, erfordert sowohl die außerordentliche als auch die ordentliche Kündigung zu ihrer Wirksamkeit die vorherige ordnungsgemäße Anhörung des Betriebsrats. Dementsprechend müssen Sie dem Betriebsrat neben dem Namen des zu kündigenden Arbeitnehmers und seinen „Sozialdaten" zugleich die Art der Kündigung (ordentliche/außerordentliche Kündigung), die Kündigungsgründe, die Kündigungsfrist sowie – wenn möglich – den Kündigungstermin mitteilen. Wenn eine Sozialauswahl notwendig ist, müssen die vergleichbaren Arbeitnehmer mit ihren Sozialdaten benannt werden. Die Anhörung erfolgt dabei gegenüber dem Betriebsratsvorsitzenden.

Wird der Betriebsrat unterrichtet, kann er einer ordentlichen Kündigung widersprechen, wenn

- Sie bei der Auswahl des zu kündigenden Arbeitnehmers soziale Gesichtspunkte nicht oder nicht ausreichend berücksichtigt haben,
- die Kündigung gegen eine im Betrieb bestehende Auswahlrichtlinie verstößt,
- der zu kündigende Arbeitnehmer an einem anderen Arbeitsplatz im selben Betrieb oder in einem anderen Betrieb des Unternehmens weiter beschäftigt werden kann,
- die Weiterbeschäftigung des Arbeitnehmers nach zumutbaren Umschulungs- oder Fortbildungsmaßnahmen möglich ist oder
- eine Weiterbeschäftigung des Arbeitnehmers unter geänderten Vertragsbedingungen möglich ist und der Arbeitnehmer sein Einverständnis hiermit erklärt hat.

Stimmt der Betriebsrat der beabsichtigten Kündigung zu oder lässt er bei einer ordentlichen Kündigung eine Frist von einer Woche verstreichen, gilt seine Zustimmung zur Kündigung als automatisch erteilt. Dies hindert den betroffenen Mitarbeiter indes nicht sich gegen die Kündigung mit einer Kündigungsschutzklage zur Wehr zu setzen. Beachten Sie aber die Ausschlussfrist von 3 Wochen ab Zugang der Kündigung.

Hält der Betriebsrat die Kündigung für nicht gerechtfertigt und widerspricht ihr deshalb, bleiben Sie zwar zur Kündigung berechtigt, müssen aber die Widerspruchserklärung des Betriebsrats Ihrer Kündigungserklärung beifügen. Wirksamkeitsvoraussetzung ist dies aber nicht. Eine weitere Konsequenz des Widerspruchs ist, dass der Arbeitnehmer bis zum rechtskräftigen Abschluss des Kündigungsschutzverfahrens weiterbeschäftigt werden muss.

Welche Grenzen Ihnen durch den Kündigungsschutz gesetzt werden

Wer steht unter dem besonderen gesetzlichen Kündigungsschutz?

Einzelne, vom Gesetzgeber als besonders schutzwürdig angesehene Personengruppen genießen einen über die allgemeinen Regeln des Kündigungsschutzgesetzes hinausgehenden, besonderen Kündigungsschutz.

- Mitarbeiterinnen sind während der Schwangerschaft und bis zum Ablauf von 4 Monaten nach der Entbindung grundsätzlich unkündbar. Auch eine außerordentliche Kündigung ist ausgeschlossen, wenn Ihnen die (am Tag der Kündigung bestehende) Schwangerschaft oder Entbindung bekannt gewesen oder 2 Wochen nach Zugang der Kündigung mitgeteilt worden ist.
- Auch einer Mitarbeiterin, die sich im Erziehungsurlaub befindet oder ihn verlangt hat, dürfen Sie nicht kündigen.
- Bevor Sie Schwerbehinderten oder ihnen Gleichgestellten kündigen wollen, müssen Sie die Zustimmung des Schwerbehindertenvertreters im Unternehmen und der

Hauptfürsorgestelle einholen. Das Hauptfürsorgestellenverfahren kann bei der ordentlichen Kündigung mehrere Monate dauern, bei der außerordentlichen Kündigung muss jedoch binnen 2 Wochen entschieden werden. Verstreicht diese Frist, gilt die Zustimmung der Hauptfürsorgestelle als erteilt.

- Auch gewählte Arbeitnehmervertreter (Betriebs- und Personalrat, Jugend- und Auszubildendenvertretung) sind ordentlich unkündbar. Eine außerordentliche Kündigung aus wichtigem Grund bedarf der Zustimmung des Betriebsrats. Dabei darf ein Verhalten, das im Zusammenhang mit der Ausübung des Mandats als Arbeitnehmervertreter steht, vom Arbeitgeber nicht zum Anknüpfungspunkt für eine Kündigung gemacht werden.

- Wer sich für die Wahl zum Amt des Betriebs- oder Personalrats aufstellt, genießt den gleichen Kündigungsschutz für einen Zeitraum von 6 Monaten.

- Ersatzmitglieder zum Betriebsrat erhalten nach der Rechtsprechung einen den ordentlichen Betriebsräten gleichen Kündigungsschutz, sofern sie einmal als Vertreter eines verhinderten Betriebsratsmitglieds aktiv tätig geworden sind oder theoretisch hätten tätig werden müssen.

- Auszubildende in einem Berufsausbildungsverhältnis können nur innerhalb der gesetzlich vorgegebenen Probezeit von 3 Monaten aus jedem Grund von Ihnen gekündigt werden. Nach dieser Zeit ist nur noch eine Kündigung aus wichtigem Grund statthaft.

■ Sind Auszubildende zugleich Jugend- und Auszubildendenvertreter oder Betriebsräte, dürfen sie zudem nach Beendigung des Ausbildungsverhältnisses nicht entlassen, sondern müssen auf schriftliches Verlangen des Auszubildenden in ein Anschlussarbeitsverhältnis auf unbestimmte Zeit übernommen werden. Eine Ausnahme von diesem Grundsatz gilt nur dann, wenn Tatsachen vorliegen, die eine außerordentliche Kündigung aus wichtigem Grund rechtfertigen könnten. ■

- Ältere Arbeitnehmer genießen zum Teil durch tarifvertragliche Regelungen einen besonderen Kündigungsschutz. Sie sind nach Erreichen eines bestimmten Alters und einer festgelegten Dauer der Betriebszugehörigkeit – meist 10 Dienstjahre und Erreichen des 55. Lebensjahres – nur noch aus wichtigem Grund kündbar. Eine Ausnahme gilt häufig dann, wenn ihr Beschäftigungsbereich stillgelegt wird. Allerdings wird ihnen dann trotz außerordentlicher Kündigung die ordentliche Kündigungsfrist zuerkannt, die ihnen zustehen würde, wenn sie keinem besonderen Kündigungsschutz unterlägen.

- Arbeitnehmer, die von einem rechtsgeschäftlichen Betriebsübergang oder einer Umwandlung (z. B. Fusion) betroffen sind, dürfen nicht allein wegen dieser Maßnahme durch den alten oder neuen Arbeitgeber gekündigt werden. Eine Kündigung aus anderen Gründen ist indes zulässig. Dies gilt auch für betriebsbedingte Kündigungen wegen einer Rationalisierung, wenn die allgemeinen Voraussetzungen des Kündigungsschutzgesetzes beachtet werden (vgl. S. 96).

Der allgemeine Kündigungsschutz

Für alle Arbeitnehmer, die einem Betrieb mit mindestens 6 Arbeitnehmern wenigstens 6 Monate angehören, gilt das Kündigungsschutzgesetz. Eine Kündigung muss danach durch Gründe im Verhalten oder in der Person des Arbeitnehmers oder durch dringende betriebliche Gründe, die einer Weiterbeschäftigung des Arbeitnehmers im Betrieb entgegenstehen, sozial gerechtfertigt sein. Wie Sie dann im Einzelnen vorgehen, erfahren Sie in den folgenden Kapiteln.

▪ Will der Arbeitnehmer die Sozialwidrigkeit gerichtlich geltend machen, muss er seine Kündigungsschutzklage innerhalb einer Frist von 3 Wochen nach Zugang der Kündigung bei dem zuständigen Arbeitsgericht einreichen. Andernfalls gilt die Kündigung grundsätzlich von Anfang an als wirksam. Sonstige Unwirksamkeitsgründe (z. B. fehlende Betriebsratsanhörung, Verstöße gegen das MuSchG) können demgegenüber bis zur Grenze der Verwirkung auch noch nach Ablauf der 3-Wochen-Frist gerichtlich gerügt werden. ▪

Abmahnen und kündigen bei Fehlverhalten

- Alkoholmissbrauch im Betrieb,
- hartnäckige Arbeitsverweigerung,
- unentschuldigtes Fehlen bei der Arbeit,
- unentschuldigte Verspätungen,
- unbefugtes Verlassen des Arbeitsplatzes während der Arbeitszeit,

- Ausübung einer unerlaubten Konkurrenz- oder Nebentätigkeit,
- das Vortäuschen einer Krankheit,
- schuldhafte Verstöße gegen vertragliche Pflichten oder
- eigenmächtiger Urlaubsantritt –

all das sind Gründe, die eine verhaltensbedingte Kündigung rechtfertigen können. Hier liegt ein krasses Fehlverhalten des Arbeitnehmers vor.

■ Einfach ausgedrückt: Der Arbeitnehmer kann, will aber nicht. ■

Wie Sie bei der verhaltensbedingten Kündigung vorgehen

Ähnlich wie bei der außerordentlichen Kündigung aus wichtigem Grund ist auch hier in einem ersten Schritt zu prüfen, ob der in Rede stehende Sachverhalt an sich geeignet ist, eine verhaltensbedingte Kündigung zu rechtfertigen. Ist dies der Fall, müssen Sie weiter fragen, ob die Kündigung im Einzelfall „verhältnismäßig" ist, d. h. als Maßnahme in einem vernünftigen, angemessenen Verhältnis zum Fehlverhalten steht. Da die verhaltensbedingte Kündigung den Arbeitnehmer nicht bestrafen soll, gehört hierzu auch die Prognose, dass es bei Fortsetzung des Vertragsverhältnisses zukünftig zu weiteren verhaltensbedingten Störungen kommen wird. Entscheidend ist also, ob eine Wiederholungsgefahr besteht bzw. ob das vergangene Ereignis sich auch künftig weiter belastend auf das Arbeitsverhältnis auswirkt.

Vor der Kündigung: abmahnen

Dies bedeutet zunächst, dass Sie als Arbeitgeber vor Ausspruch der Kündigung versuchen müssen, zukünftige Wiederholungen des beanstandeten Verhaltens durch eine *Abmahnung* zu verhindern. In der Abmahnung müssen Sie dem Mitarbeiter in deutlich erkennbarer Form das missbilligte Verhalten aufzeigen. Gleichzeitig müssen Sie ihn darauf hinweisen, dass im Wiederholungsfall Inhalt oder Bestand des Arbeitsverhältnisses gefährdet sind. Verletzt der Mitarbeiter dann trotz dieser offiziellen Mahnung noch einmal in vergleichbarer Weise seine Pflichten, ist die für die Kündigung erforderliche Negativprognose („Die Situation wird sich nicht ändern.") berechtigt und Sie können die Kündigung aussprechen.

Grundsätzlich bedarf es einer derartigen Abmahnung auch bei Störungen im Vertrauensbereich. Nur in wenigen Fällen können Sie darauf verzichten:

- wenn sich der Mitarbeiter seines pflichtwidrigen Handelns bewusst sein musste und mit dessen Duldung schlechthin nicht rechnen durfte, z. B. bei Vermögensstraftaten gegen den Arbeitgeber oder Tätlichkeiten im Betrieb,
- wenn wegen vergleichbaren Sachverhalts bereits eine unwirksame Kündigung ausgesprochen wurde.

Wenn die Abmahnung wirkt

Beachtet der Mitarbeiter hingegen den Inhalt der Abmahnung, verliert sie nach und nach ihre kündigungsrechtliche Relevanz. Nach längerer Zeit einwandfreien Verhaltens müssen Sie sie daher auch aus seiner Personalakte entfernen, z. B. bei geringfügigen Beanstandungen nach 2, bei leichteren Vergehen nach 3, bei schwereren Verfehlungen nach 5 Jahren. Rechtliche Vorschriften oder Grundsatzentscheidungen hierzu gibt es indes nicht.

Gibt es andere Mittel als die Kündigung?

Prüfen Sie vor Ausspruch einer verhaltensbedingten Kündigung immer, ob nicht anderweitige Maßnahmen mit einer geringeren Belastung des Mitarbeiters als geeignete Konfliktlösungen zur Verfügung stehen. Sie müssen feststellen, ob nicht eine Versetzung auf einen anderen Arbeitsplatz oder eine Weiterbeschäftigung zu geänderten Arbeitsbedingungen in Frage kommt. Dies setzt allerdings voraus, dass sich das Fehlverhalten auf dem neuen Arbeitsplatz nicht mehr auswirkt. Sinnvoll kann es z. B. sein, einen Mitarbeiter zu versetzen, weil er mit einem anderen ständig in Streit gerät; weniger sinnvoll ist eine Versetzung, wenn er ständig zu spät kommt.

Wenn der Mitarbeiter nicht der Richtige ist: die personenbedingte Kündigung

- Häufige und über längere Zeit nachweisbare krankheitsbedingte Arbeitsunfähigkeit (auch bei Alkoholabhängigkeit),
- fehlende fachliche Eignung,
- fehlende Arbeitserlaubnis,
- der Verlust des beruflich benötigten Führerscheins

- sowie sonstige in der Person des Arbeitnehmers liegende Minderungen der Einsatzmöglichkeiten

können ein Grund für eine personenbedingte Kündigung sein. In diesen Fällen führen Umstände in der Person des Mitarbeiters, auf die dieser keinen Einfluss hat, zu einer arbeitgeberseitig nicht mehr verkraftbaren Störung im Arbeitsverhältnis.

Einfach ausgedrückt: Der Arbeitnehmer will, kann aber nicht.

Soweit ein Mitarbeiter aus gesundheitlichen Gründen seine arbeitsvertraglichen Pflichten nur teilweise nicht mehr erfüllen kann, können Sie seine Kündigung allerdings nur rechtfertigen, wenn die Zuweisung einer anderweitigen Beschäftigung nicht möglich oder sowohl Ihnen als auch dem Mitarbeiter nicht zumutbar ist. Dabei dürfen Sie, falls das Unternehmen mehrere Betriebe hat, die erforderliche Suche nach anderweitigen Einsatzmöglichkeiten nicht nur auf den Betrieb beschränken, in dem der Betroffene zuvor tätig war.

Dass Sie für den Mitarbeiter einen neuen Arbeitsplatz schaffen, kann nicht verlangt werden, ebenso wenig eine Veränderung der bestehenden betrieblichen Organisation. Nur ein Tausch mit einem anderen Mitarbeiter, der im Wege des Direktionsrechts auf den Arbeitsplatz des Betroffenen versetzt werden kann, ist denkbar und notwendig. Nicht erforderlich ist, dass Sie einen anderen Arbeitnehmer an seiner Stelle, etwa wegen geringerer sozialer Belastung, kündigen.

Sonderfall krankheitsbedingte Kündigung

In der Praxis kommt die Kündigung wegen Arbeitsunfähigkeit infolge Krankheit besonders häufig vor. Ob die Kündigung rechtlich abgesichert ist, können Sie in drei Schritten prüfen:

1. Wird sich der Gesundheitszustands des Mitarbeiters in Zukunft nicht verbessern, sondern eher verschlechtern?
2. Sind dann aufgrund der entstandenen und prognostizierten Fehlzeiten in Zukunft erhebliche Beeinträchtigungen der betrieblichen Belange zu erwarten?
3. Führen diese Beeinträchtigungen schließlich zu einer unzumutbaren Belastung des Arbeitgebers?

Erst wenn alle drei Voraussetzungen gegeben sind, können Sie die Kündigung aussprechen – sie wird dann aller Voraussicht nach auch einer gerichtlichen Prüfung standhalten.

Werden Ausfallzeiten nicht durch eine längere Erkrankung ausgelöst, sondern durch eine Vielzahl von Kurzerkrankungen, kann es Probleme bei einer hierauf gestützten Kündigung geben, da die Gesundheitsprognose unsicher ist. Gleichwohl können häufige Kurzerkrankungen des Arbeitnehmers in der Vergangenheit für ein entsprechendes Erscheinungsbild in der Zukunft sprechen.

In der zweiten Stufe müssen Sie als Arbeitgeber darlegen, dass die wiederholten kurzfristigen Ausfallzeiten Störungen im Arbeitsprozess hervorgerufen haben und zukünftig hervorrufen werden. Hierzu gehören z. B. Verzögerung bei der Fertigstellung von Projekten, die Notwendigkeit von Versetzungen oder Personalengpässe in anderen Bereichen. Alternativ kann auf dieser Stufe auch eine erhebliche wirtschaftliche Belastung in Form der Lohnfortzahlung die Kündigung rechtfertigen. Davon ist auszugehen, wenn auch für die Zukunft mit hohen Lohnfortzahlungskosten zu rechnen ist, für die jährlich jeweils ein Zeitraum von mehr als 6 Wochen erforderlich ist.

■ Bei der Prüfung, wie sich krankheitsbedingte Fehlzeiten des Arbeitnehmers auf den Betriebsablauf auswirken, ist nicht auf die Zahl der Arbeitnehmer des Betriebs insgesamt, sondern auf den Bereich abzustellen, in dem der gekündigte Arbeitnehmer an sich tätig werden soll. Denn sonst würden sich Fehlzeiten eines Mitarbeiters in Großbetrieben nicht auswirken. Dem gekündigten Arbeitnehmer hilft deshalb nicht bereits der Hinweis, er sei nur ein „kleines Rad im Getriebe". ■

Im dritten Prüfungsschritt ist schließlich zu klären, ob die Unzulänglichkeit des Arbeitnehmers so gewichtig ist, dass hierdurch die betrieblichen oder wirtschaftlichen Interessen des Arbeitgebers derart beeinträchtigt werden, dass sich eine Fortsetzung des Arbeitsverhältnisses als unzumutbare Belastung darstellt. Das bedeutet: Sie können die Kündigung nur aussprechen, wenn es keine anderen Lösungsmöglichkeiten gibt, die das Unternehmen weniger belasten würden. Versuchen Sie daher zunächst, die Kündigung durch Überbrückungsmaßnahmen zu vermeiden. So müssen Sie prüfen, ob und inwieweit sich negative betriebliche Auswirkungen durch Einstellungen von Hilfskräften, Mehrarbeit oder Versetzungen vermeiden lassen. Dabei haben Sie bei einem langjährig beschäftigten Arbeitnehmer einen längeren Zeitraum für geeignete und zumutbare Überbrückungsmaßnahmen hinzunehmen als bei einem nur kurzzeitig tätigen Mitarbeiter.

Aus betriebsbedingten Gründen kündigen

- Die Umstellung oder Einschränkung bzw. Einstellung der Produktion,
- die Entscheidung für „lean production",
- allgemeine Rationalisierungsmaßnahmen, welche sich in einer Organisationsänderung, Vergabe von Arbeiten an Fremdfirmen (Outsourcing) oder in der Anschaffung neuer Maschinen niederschlagen können,
- ein Auftragsrückgang wegen gesamtwirtschaftlicher Rezession oder branchen- bzw. betriebsspezifischer Ursachen sowie
- Drittmittelkürzungen

sind typische Situationen, in denen betriebsbedingte Kündigungen in Betracht kommen können. Eine betriebsbedingte Kündigung ist also immer dann gerechtfertigt, wenn Sie als Arbeitgeber nicht mehr über ausreichende Beschäftigungsmöglichkeiten für alle Mitarbeiter verfügen.

Was ist zu prüfen?

Da den Arbeitsgerichten nicht die Rolle eines Ersatzunternehmers zukommt, unterliegt die unternehmerische Entscheidung, wie bestimmten betrieblichen Bedürfnissen Rechnung getragen werden soll, keiner gerichtlichen Kontrolle. Die von Ihnen getroffenen organisatorischen Maßnahmen werden daher, sollte es zu einer gerichtlichen Überprüfung der Kündigung kommen, nicht auf ihre Notwendigkeit oder Zweckmäßigkeit überprüft, sondern lediglich daraufhin, ob überhaupt eine unternehmerische Entscheidung vorliegt, die zum Wegfall des Arbeitsplatzes geführt hat, und ob diese Entscheidung offensichtlich unsachlich oder willkürlich ist.

Beispiel
Ein Arbeitnehmer kann daher nicht mit dem Hinweis gegen eine betriebsbedingte Kündigung vorgehen, die organisatorischen Maßnahmen des Arbeitgebers würden sich „nicht rechnen". Ebenso wenig darf das Gericht prüfen, ob die mit der Unternehmerentscheidung angestrebten Vorteile in einem „vernünftigen Verhältnis" zu den Nachteilen stehen, welche die Arbeitnehmer durch die Kündigung erleiden.

Vom Gericht voll nachzuprüfen ist dagegen die Frage, ob die vom Arbeitgeber als Grundlage seiner unternehmerischen Entscheidung vorgegebenen Gründe (z. B. Umsatzrückgang oder die Änderung der Organisation eines Betriebs) tatsächlich vorliegen und sich so auswirken, dass für die Beschäftigung des jeweils betroffenen Arbeitnehmers kein Bedürfnis mehr besteht. Offenkundig ist dies z. B. bei Outsourcing-Entscheidungen.

Alternativen anbieten oder Änderungskündigung

Sind solche Gründe vorhanden, sind Sie vor Ausspruch der Kündigung dennoch verpflichtet zu prüfen, ob nicht eine Versetzung des Arbeitnehmers auf einen gleichwertigen Arbeitsplatz in Betracht kommt. Dabei müssen zumutbare Umschulungs- und Fortbildungsmaßnahmen in Kauf genommen werden. Ist auch dies nicht möglich, müssen Sie zusätzlich die Beschäftigung auf einem freien Arbeitsplatz zu geänderten (schlechteren) Arbeitsbedingungen anbieten. Dabei ist – verbunden mit einer Überlegungsfrist von einer Woche – klarzustellen, dass bei Ablehnung des Änderungsangebots eine Beendigungskündigung beabsichtigt ist. Wenn der Betriebsrat dies verlangt, kann auch die Einführung von Kurzarbeit zur Vermeidung betriebsbedingter Kündigungen notwendig werden.

Wie Sie sozialwidrige Kündigungen vermeiden

Schließlich ist die Kündigung trotz Vorliegens dringender betrieblicher Gründe gleichwohl sozialwidrig, wenn Sie bei der Auswahl der zu entlassenden Arbeitnehmer soziale Gesichtspunkte nicht oder nicht ausreichend berücksichtigt haben. Hier geht es nicht mehr um die Frage, *ob* gekündigt werden kann, sondern *wem* gekündigt werden darf (Sozialauswahl). Als Arbeitgeber sind Sie verpflichtet, demjenigen Mitarbeiter zu kündigen, der durch den Verlust des Arbeitsplatzes am wenigsten belastet erscheint. Notfalls müssen Sie also anstelle des ursprünglich zur Kündigung vorgesehenen Mitarbeiters, dessen Arbeitsplatz entfällt, einem anderen Mitarbeiter kündigen, um für den sozial schwächeren einen Arbeitsplatz freizumachen.

■ Die Sozialauswahl ist dabei grundsätzlich betriebsbezogen, d. h. auch abteilungsübergreifend durchzuführen. ■

In den Kreis der dann für die Kündigung in Betracht kommenden Arbeitnehmer müssen Sie generell alle einbeziehen, die nach der ausgeübten Tätigkeit austauschbar sind, also aufgrund ihrer bisherigen Aufgaben im Betrieb und angesichts ihrer beruflichen Qualifikation in der Lage sind, die andersartige, aber gleichwertige Arbeit des Kollegen durchzuführen. Zu berücksichtigen sind dabei alle Mitarbeiter, die innerhalb des Betriebs auf Arbeitsplätzen beschäftigt werden, die Sie dem vom Wegfall seines Arbeitsplatzes Betroffenen kraft Ihres arbeitgeberseitigen Direktionsrechts zuweisen könnten. Eine kurze Einarbeitungszeit steht der Vergleichbarkeit nicht entgegen. Nur ein Vergleich zwischen Arbeitnehmern unterschiedlicher Hierarchiestufen findet nicht statt.

Als Kriterium der Sozialauswahl sind in erster Linie

- die Dauer der Betriebszugehörigkeit,
- das Lebensalter,
- die Unterhaltsverpflichtungen,
- ferner persönliche Umstände wie die Chancen auf dem Arbeitsmarkt, etwaige Erkrankungen oder eine Schwerbehinderteneigenschaft

einzubeziehen. Um sparsame Arbeitnehmer nicht für ihre spartanische Lebensführung zu bestrafen, ist die Vermögenssituation allerdings irrelevant.

Schema für die Sozialauswahl

Gerade größere Unternehmen sollten ein schematisches System für die Sozialauswahl entwickeln. Dabei sind die betrieblichen Sozialpartner, Arbeitgeber und Betriebs- bzw. Gesamtbetriebsrat, berechtigt, die sozialen Auswahlkriterien in Form einer Punktetabelle zu fixieren. Denkbar ist etwa das folgende – von der Rechtsprechung bereits gebilligte – Auswahlschema:

Lebensalter	1 Punkt pro vollendetem Lebensjahr, maximal 55 Punkte.
Betriebszugehörigkeit	bis zum 10. Dienstjahr 1 Punkt pro vollendetem Beschäftigungsjahr, vom 11. Dienstjahr 2 Punkte pro vollendetem Beschäftigungsjahr (maximal 70 Punkte).
Unterhaltspflichten	4 Punkte pro unterhaltsberechtigtem Kind, 8 Punkte für unterhaltsberechtigten Ehegatten.
Schwerbehinderung	5 Punkte bis zu einem Grad der Behinderung von 50 %; über 50 % Schwerbehinderung je 10 % Erwerbsminderung 1 Punkt.

Eine solche Vereinbarung hat den Vorteil, dass sie nur noch auf grobe Fehlerhaftigkeit überprüft werden kann. Besteht in Ihrem Betrieb kein Betriebsrat oder scheitern entsprechende Vereinbarungen über ein Punkteschema, bleibt es Ihnen als Arbeitgeber unbenommen, bei der Auswahl der von einer Kündigung Betroffenen ein eigenes Punkteschema anzuwenden. Die daraus folgende Auswahlentscheidung ist aber gerichtlich voll überprüfbar.

Lediglich in Ausnahmefällen entfällt die Sozialauswahl für bestimmte Mitarbeiter oder ganz.

Beispiel
Wenn etwa Großbetriebe die Mehrzahl Ihrer Arbeitnehmer aus konjunkturellen Gründen entlassen und sich mit dem Rest am Markt behaupten müssen, kann die Erhaltung einer gesunden Altersstruktur eine Rolle spielen. Denkbar ist auch, dass die Tätigkeit als solche eine gemischte Altersstruktur erfordert (z. B. Kindergarten). Gleiches kann für die Erhaltung wichtiger Kundenkontakte oder besonderer Sprachkenntnisse durch bestimmte Mitarbeiter gelten. Der hier bestehende Spielraum ist aber überaus eng.

Was kommt nach der Kündigung?

Wie lange gilt der Vertrag noch?

Durch eine ordentliche Kündigung des Arbeitsvertrags oder durch einen Aufhebungsvertrag, der die Vertragsbeziehungen zu einem späteren Zeitpunkt beendet, wird der Inhalt des Arbeitsvertrags vom Grundsatz her bis zum Auslaufen der maßgeblichen Kündigungsfrist nicht verändert. Der Arbeitnehmer hat daher seinen Leistungsverpflichtungen während dieser Zeit ebenso nachzukommen wie Sie als Arbeitgeber Ihrer Beschäftigungs- und Entgeltzahlungsverpflichtung.

Etwas anderes gilt nur dann, wenn die Nichtigkeit des Vertrags festgestellt wird oder die Vertragsparteien selbst ihre Zusammenarbeit durch Aufhebungsvertrag oder eine außerordentliche Kündigung mit sofortiger Wirkung beenden.

Davon unabhängig besteht aber auch über das formelle Vertragsende hinaus eine Weiterbeschäftigungsverpflichtung, wenn der Betriebsrat Ihrer ordentlichen Kündigung frist- und ordnungsgemäß widersprochen hat und der Mitarbeiter Kündigungsschutzklage erhoben und seine Weiterbeschäftigung gefordert hat.

■ Entsprechendes nimmt die Rechtsprechung wegen der besonderen Bedeutung des Arbeitsplatzes für den Arbeitnehmer auch für die Fälle an, in denen dem Arbeitnehmer zwar mit Zustimmung des Betriebsrats gekündigt wird, die Kündigung aber entweder offensichtlich unwirksam ist oder der Arbeitnehmer das Kündigungsschutzverfahren in erster Instanz gewinnt. ■

Wird der Arbeitnehmer nach diesen Grundsätzen weiter beschäftigt, erfolgt bei Aufhebung des Urteils eine Rückabwicklung der ausgetauschten Leistungen: Das gezahlte Entgelt muss der Arbeitnehmer dabei jedoch nicht zurückzahlen, da Sie sich als Arbeitgeber nicht rückwirkend darauf berufen können, die Arbeitsleistung des Arbeitnehmers sei für Sie ohne Wert gewesen.

Was geschieht mit Ihrem Eigentum?

Soweit der ausgeschiedene Mitarbeiter noch im Besitz von Unterlagen oder sonstigem Arbeitgebereigentum ist, muss er sie Ihnen unverzüglich aushändigen und zurückgeben. Einer besonderen Absprache hierfür bedarf es nicht. Gleichwohl wird in Arbeitsordnungen oder im Einzelarbeitsvertrag meist eine diesbezügliche Regelung aufgenommen oder durch eine Ausgleichsquittung ergänzt.

■ Entsprechende Herausgabepflichten sollten Sie auf Daten und Datenträger ausweiten. ■

Wenn es vor Gericht geht

Was passiert, wenn der Arbeitnehmer erfolgreich gegen die Kündigung geklagt hat?

Meist ist nach einem Kündigungsschutzverfahren das Vertrauensverhältnis zwischen den Parteien schwer belastet. Obwohl der Arbeitnehmer den Prozess gewonnen hat, will er dann eigentlich nicht mehr für seinen bisherigen Arbeitgeber arbeiten. In dieser Situation kann das Arbeitsgericht das Arbeitsverhältnis auf Antrag des ehemaligen Mitarbeiters durch Urteil beenden und zugleich den Arbeitgeber zu einer angemessenen Ausgleichszahlung verpflichten. Dazu muss der Arbeitnehmer jedoch nachweisen, dass über die im Kündigungsschutzverfahren zurückgewiesenen Kündigungsgründe hinaus zusätzliche Störungsfaktoren existieren, die ihm die Fortsetzung des Arbeitsverhältnisses unzumutbar machen.

Beispiel
Unzutreffende, ehrverletzende Behauptungen des Arbeitgebers, die begründete Besorgnis des Arbeitnehmers, nach einer fehlerhaften Sozialauswahl bei der Rückkehr an seinen Arbeitsplatz ungerecht behandelt zu werden oder erheblichen Spannungen ausgesetzt zu sein, können die Weiterbeschäftigung für den Mitarbeiter unzumutbar machen.

Demgegenüber reicht die ohne nähere Begründung vorgebrachte Befürchtung des Arbeitnehmers, die Weiterführung des Arbeitsverhältnisses bedeute für beide Seiten ein „Spießrutenlaufen", für einen erfolgreichen Auflösungsantrag nicht aus.

Wenn ein Vergleich geschlossen wird

Die meisten Kündigungsschutzverfahren werden durch einen Vergleich zwischen Arbeitgeber und Arbeitnehmer beendet. Er ersetzt die gerichtliche Auflösung, für die meist die Voraussetzungen nicht erfüllt sind. Der Vergleich wird dabei mit der Verpflichtung verbunden, dem Arbeitnehmer wegen der Beendigung des Arbeitsverhältnisses eine Abfindung zu zahlen, deren Höhe sich an den Erfolgsaussichten des Kündigungsschutzprozesses orientiert. Als erste „Auffanggröße" wird dabei pro Jahr der Betriebszugehörigkeit ein halbes Bruttomonatsgehalt angesetzt.

Wenn der Mitarbeiter kündigt

Erfolgt die Kündigung durch den Mitarbeiter, stellen sich für Sie als Arbeitgeber – insbesondere bei der Trennung von Führungskräften und Know-how-Trägern – zwei Fragen:

- Wie kann ich einem Geheimnisverrat durch den ausscheidenden Mitarbeiter vorbeugen?
- Inwieweit bin ich gegen Konkurrenz durch meinen früheren Mitarbeiter geschützt?

Geheimhaltungsverpflichtungen

Nach dem Ende des Vertrags ist der Mitarbeiter grundsätzlich berechtigt, das von ihm redlich erworbene Wissen auch anderweitig zu nutzen. Deshalb darf er sich anschließend natürlich auch bei Ihren Mitbewerbern und Konkurrenten bewerben und dort eine neue Stelle antreten. Eine gesetzliche Beschränkung ergibt sich dabei lediglich aus den Regeln zum Schutz vor unlauterem Wettbewerb. So bestünde eine Geheimhaltungsverpflichtung beispielsweise dann, wenn der ausgeschiedene Mitarbeiter sein Wissen lediglich zu einer vorsätzlichen sittenwidrigen Schädigung seines Altarbeitgebers nutzen möchte.

Bereits mit der Beendigung des Vertrags ist Ihr ehemaliger Mitarbeiter nicht mehr verpflichtet, Betriebs- und Geschäftsgeheimnisse vertraulich zu behandeln.

Zu empfehlen: Geheimhaltungsklausel vereinbaren

Möglich und empfehlenswert ist es jedoch, den früheren Mitarbeiter durch eine entsprechende Vertragsabsprache einer nachvertraglichen Geheimhaltungsverpflichtung zu unterwerfen. Eine dahingehende Klausel sollte bereits bei Begründung des Arbeitsverhältnisses in den Arbeitsvertrag des Geheimnisträgers aufgenommen, aber spätestens in einem etwaigen Aufhebungsvertrag vereinbart werden.

In einem solchen Fall ist der Arbeitnehmer nicht berechtigt, Geschäfts- oder Betriebsgeheimnisse seines früheren Arbeitgebers, die über sein bei Begründung des Arbeitsverhältnisses vorhandenes Wissen hinausgehen, Dritten gegenüber alsbald zur Kenntnis zu geben oder selbst zu nutzen. Ein Geheimnis in diesem Sinn liegt vor, wenn Tatsachen im Zusammenhang mit einem Geschäftsbetrieb, die nur einem eng begrenzten Personenkreis bekannt und nicht offenkundig sind, nach dem Willen des Arbeitgebers und im Rahmen eines berechtigten wirtschaftlichen Interesses geheimgehalten werden sollen. Hierhin gehören beispielsweise Kalkulationen, Rezeptbücher, Produktionsanweisungen etc.

Wichtig in diesem Zusammenhang ist ferner, dass sich die Schweigepflicht konkret auf ein oder mehrere Betriebsgeheimnisse beziehen muss. Unzulässig ist es, die Geheimhaltungsverpflichtung auf alle Geschäftsvorgänge, die im Zusammenhang mit Betriebsgeheimnissen stehen, auszuweiten. Denn auf diese Weise würde die Grenze zum entschädigungspflichtigen und zeitlich auf höchstens 2 Jahre begrenzten Wettbewerbsverbot überschritten.

Unter Berücksichtigung der verfassungsrechtlich gewährleisteten Berufsfreiheit wird man allerdings davon auszugehen haben, dass der frühere Arbeitnehmer nicht schlechter gestellt werden darf als jeder Dritte. Damit darf er durch die Geheimhaltungsverpflichtung nicht länger in der Verwertung des Geschäfts- und Betriebsgeheimnisses begrenzt werden als es dauern würde, sich den Wissensstand selbst anzueignen, der zur Lösung des durch das Geschäfts- oder Betriebsgeheimnis umschriebenen Problems erforderlich ist. Insoweit ist von einer zeitlichen Maximalgrenze von 5 Jahren auszugehen.

■ Verstößt Ihr ehemaliger Mitarbeiter gegen eine so vereinbarte Geheimhaltungsverpflichtung, können Sie ihn auf Unterlassung in Anspruch nehmen sowie gegebenenfalls Schadensersatz verlangen. ■

Das nachvertragliche Wettbewerbsverbot

Mit dem Ende des Arbeitsverhältnisses wird grundsätzlich zugleich die Pflicht des Arbeitnehmers zur Wettbewerbsenthaltung beendet. Nichts hindert einen ausgeschiedenen Mitarbeiter deshalb daran, sich unmittelbar nach Vertragsende bei einem Ihrer Mitbewerber in dem bisher ausgeübten Tätigkeitsbereich erneut zu engagieren.

Etwas anderes gilt nur dann, wenn sich der Arbeitnehmer einer nachvertraglichen Wettbewerbsbeschränkung unterworfen und damit die Verpflichtung übernommen hat, für einen Zeitraum von höchstens 2 Jahren gegenüber seinem Altarbeitgeber weder unmittelbar noch mittelbar in Wettbewerb zu treten.

Ein solches nachvertragliches Wettbewerbsverbot dürfen Sie grundsätzlich vereinbaren, wenn Sie die folgenden Voraussetzungen beachtet haben:

- Das Wettbewerbsverbot muss schriftlich vereinbart werden. Der Mitarbeiter muss hiervon eine Originalausfertigung erhalten.
- Der Arbeitgeber muss zusagen, während der Dauer des Wettbewerbsverbots eine Karenzentschädigung in Höhe von mindestens 50 % der zuletzt bezogenen Vergütung (einschließlich Nebenleistungen) zu bezahlen.
- Weiterhin muss das Wettbewerbsverbot dem Schutz eines berechtigten geschäftlichen Interesses des Arbeitgebers dienen. Die Zahlung einer Abfindung wegen der Beendigung des Arbeitsverhältnisses oder von betrieblicher Altersversorgung ist noch nicht als eine solche Karenzentschädigung anzusehen. Allerdings ist ein Verdienst des früheren Arbeitnehmers aufgrund anderweitigen Erwerbs nach Vertragsende anzurechnen.

Achtung: Ohne die Vereinbarung einer Karenzentschädigung ist das Wettbewerbsverbot nichtig und der ehemalige Mitarbeiter kann eine Konkurrenztätigkeit aufnehmen. In diesem Fall kann er auch keine Entschädigung verlangen, wenn er sich „vertragstreu" verhalten hat.

Unzulässig: bedingtes Wettbewerbsverbot

Ein bedingtes Wettbewerbsverbot dürfen Sie nicht abschließen. Eine solche Absprache liegt dann vor, wenn Sie vereinbart haben, dass Sie vom Arbeitnehmer während der gesamten Laufzeit des Arbeitsvertrags den wirksamen Abschluss eines nachvertraglichen Wettbewerbsverbots jederzeit verlangen können. Dies würde den Mitarbeiter wegen der damit verbundenen Ungewissheit in seiner Berufsfreiheit unangemessen benachteiligen.

Gleiches gilt, wenn sich aus den vertraglichen Abreden nicht eindeutig und unmissverständlich ergibt, in welchem Umfang dem Arbeitnehmer nach der Beendigung des Arbeitsverhältnisses die Aufnahme einer Wettbewerbstätigkeit untersagt ist. In beiden Fällen hat der Arbeitnehmer ein Wahlrecht. Er kann entscheiden, ob er sich an die Vereinbarung mit der Folge eines Anspruchs auf Karenzentschädigung hält oder ob er darauf verzichtet. Das gilt auch dann, wenn er sich nach Beendigung des Arbeitsverhältnisses aus dem Arbeitsleben zurückzieht. Wird der Arbeitnehmer während des noch bestehenden und auslaufenden Vertrags vom Arbeitgeber freigestellt, besteht das allgemeine Wettbewerbsverbot (vgl. S. 36), nicht jedoch schon ein entschädigungspflichtiges nachvertragliches Wettbewerbsverbot.

Aufhebung und Verzicht des Wettbewerbverbots

Sie können einseitig auf ein nachvertragliches Wettbewerbsverbot nur während des noch bestehenden Arbeitsverhältnisses verzichten. Diesen Verzicht müssen Sie schriftlich festhalten. Allerdings werden Sie erst mit Ablauf eines Jahres seit der Verzichtserklärung von der Verpflichtung zur Zahlung der Karenzentschädigung befreit. Ihr Mitarbeiter hingegen kann aufgrund des Verzichts mit der Beendigung des Arbeitsvertrags sofort eine Wettbewerbstätigkeit aufnehmen.

Jederzeit möglich ist demgegenüber die einvernehmliche Aufhebung des Wettbewerbsverbots. Dazu müssen Sie jedoch mit Ihrem Mitarbeiter eine gesonderte Vereinbarung treffen. In einem Aufhebungsvertrag oder Vergleich enthaltene Klauseln, wonach keine weiteren Ansprüche aus dem Arbeitsverhältnis und dessen Beendigung bestehen, genügen insofern nicht.

Führt eine nachvertragliche Geheimhaltungsverpflichtung faktisch zu einem Verbot für den ausgeschiedenen Mitarbeiter, Kunden des früheren Arbeitgebers zu umwerben oder eine Vertretungs- oder Beratungstätigkeit für dessen Konkurrenten aufzunehmen, ist eine solche Vereinbarung wie ein nachvertragliches Wettbewerbsverbot zu behandeln. Haben Sie in Verkennung dieser Bewertung keine Karenzentschädigung vereinbart, kann dies zur Unwirksamkeit des Wettbewerbsverbots führen.

Steuerliche Behandlung von Abfindungen

In steuerlicher Hinsicht sind Abfindungen wegen einer gerichtlich ausgesprochenen Auflösung des Arbeitsverhältnisses bis zur Höhe von 16 000 DM steuerfrei. Hat der Arbeitnehmer das 50. Lebensjahr vollendet und hat das Arbeitsverhältnis mindestens 15 Jahre bestanden, beträgt der Freibetrag 20 000 DM, hat der Arbeitnehmer das 55. Lebensjahr vollendet und hat das Arbeitsverhältnis mindestens 20 Jahre bestanden, so erhöht er sich auf 24 000 DM.

Für den Teil der Abfindung, der den Freibetrag übersteigt, gilt eine komplizierte Besteuerungsregelung. Unter Berücksichtigung des sonstigen Einkommens wird zunächst die Steuer für ein Fünftel des steuerpflichtigen Teils der Abfindung ermittelt. Dieser Betrag wird mit dem Faktor 5 multipliziert und ergibt so die Einkommensteuer für den Gesamtbetrag der steuerpflichtigen Abfindung. Damit der steuerpflichtige Teil der Abfindung ermäßigt besteuert wird, muss das Finanzamt allerdings die Abfindung als außerordentliche Einkünfte anerkennen. Nach einem Schreiben des Bundesfinanzministeriums muss die Abfindung dafür höher sein als der Lohn oder das Gehalt, das der Arbeitnehmer noch im laufenden Jahr bekommen hätte, wenn er nicht entlassen worden wäre. Ansprüche, die der Arbeitnehmer bereits erworben hatte (z. B. Urlaubsabgeltung, Bonus), dürfen nicht einbezogen werden. Darüber hinaus müssen dem Arbeitnehmer alle Begünstigungen wegen der Vertragsbeendigung in einem einzigen Kalenderjahr zufließen.

Zu beachten ist darüber hinaus, dass eine Abfindungszahlung unter bestimmten Voraussetzungen zu einem vorübergehenden Ruhen des Anspruchs auf Arbeitslosengeld führen kann.

Was Sie bei der Zeugnisausstellung beachten müssen

Jeder Ihrer Mitarbeiter kann bei Beendigung des Arbeitsverhältnisses von Ihnen ein schriftliches Arbeitszeugnis verlangen. Auf ein Zwischenzeugnis besteht ein Anspruch, wenn ein schutzwertes Interesse des Arbeitnehmers gegeben ist, etwa bei einem geplanten Wechsel der Arbeitsstelle oder wenn der Arbeitnehmer langfristig innerbetrieblich zu einem anderen Vorgesetzten versetzt wird bzw. sein bisheriger Vorgesetzter im Betrieb eine andere Position erlangt oder ausscheidet.

Neben Art und Dauer des Arbeitsverhältnisses müssen Sie im Zeugnis konkrete Angaben zur Person des Arbeitnehmers, seinen Leistungen und seinem Verhalten im Betrieb machen. Im Interesse des Mitarbeiters ist ein wohlwollender Maßstab anzulegen. Geringfügig erscheinende nachteilige Erkenntnisse und einmalige Vorfälle sollten daher keine Erwähnung finden.

Andererseits kann auch Schönfärberei nicht das Ziel eines Zeugnisses sein: Die Angaben müssen der Wahrheit entsprechen, um zu verhindern, dass der neue potenzielle Arbeitgeber durch das Zeugnis getäuscht und zu Fehlentscheidungen veranlasst wird.

■ Achtung! Machen Sie in einem Arbeitszeugnis wissentlich unwahre Angaben, haften Sie dem neuen Arbeitgeber auf Schadensersatz, soweit diesem im Vertrauen auf das Zeugnis ein Schaden entsteht. ■

Vermeiden Sie formale Fehler

Bei der Zeugniserstellung müssen Sie auf Folgendes achten:

- Das Zeugnis ist maschinenschriftlich und auf dem für Geschäftskorrespondenz üblichen Geschäftspapier zu erstellen.
- Äußere Mängel wie Flecken, Durchstreichungen, Textverbesserungen oder ähnliches braucht der Arbeitnehmer nicht hinzunehmen. Schreibfehler sind zu berichtigen, wenn sie negative Folgen für den Arbeitnehmer haben können.
- Ausrufe-, Fragezeichen und Gänsefüßchen sind ebenso unzulässig wie Unterstreichungen oder die teilweise Hervorhebung durch Fettschrift.
- Untersagt ist es, Zeugnisse mit Merkmalen zu versehen, die den Zweck haben, den Mitarbeiter in einer aus dem Wortlaut des Zeugnisses nicht ersichtlichen Weise zu kennzeichnen. So sind etwa Geheimzeichen wie Patzer, Häkchen und Striche, die die Mitgliedschaft in der Gewerkschaft offenlegen sollen, verboten.
- Die Person des Arbeitnehmers ist mit Vor- und Familiennamen, gegebenenfalls Geburtsnamen, genau zu bezeichnen. Ein erworbener akademischer Grad ist korrekt zu verwenden.
- Das Zeugnis muss ein Ausstellungsdatum tragen, das zeitlich in der Nähe der Beendigung des Vertrags liegt.
- Dann muss es der Arbeitgeber oder ein Vertreter mit einer eigenhändigen Unterschrift versehen. Faksimile oder fotokopierte Unterschrift genügen nicht. Bei leitenden Angestellten wird die Unterzeichnung durch die Geschäftsleitung erwartet.

Hinweise zur inhaltlichen Gestaltung

In inhaltlicher Hinsicht dürfen Art und Grund der Beendigung des Arbeitsverhältnisses grundsätzlich nur auf Wunsch des Arbeitnehmers in das Zeugnis aufgenommen werden. Ausnahmen gelten nur dann, wenn sie für die Beurteilung der Gesamtpersönlichkeit des Arbeitnehmers charakteristisch sind. Auch die Mitgliedschaft im Betriebsrat oder gewerkschaftliche Betätigung sind nur auf ausdrückliches Verlangen hin anzusprechen. Andernfalls müssen selbst mittelbare Aussagen, die ein derartiges Engagement nahelegen, unterbleiben.

Die Verwendung einer Schlussfloskel, in der dem Arbeitnehmer für seine Arbeit gedankt und gute Wünsche für den weiteren Berufsweg ausgesprochen werden, kann der Mitarbeiter im Regelfall nicht einfordern – sie ist in der Praxis aber üblich. Schließlich kann er auch nicht verlangen, dass Worte und Begriffe des Arbeitgebers bei gleichem Aussagewert gegen eigene Wunschvorstellungen ausgetauscht werden.

„Notenvergabe"

Im Betriebsalltag haben sich folgende Abstufungen in der Formulierung als üblich herausgestellt:

Beurteilung	Formulierung
sehr gut	Er hat die ihm übertragenen Arbeiten stets zu unserer vollsten Zufriedenheit erledigt.
gut	Er hat die ihm übertragenen Arbeiten stets zu unserer vollen Zufriedenheit erledigt

befriedigend	Er hat die ihm übertragenen Arbeiten zu unserer vollen Zufriedenheit erledigt.
ausreichend	Er hat die ihm übertragenen Arbeiten zu unserer Zufriedenheit erledigt.
mangelhaft	Er hat die ihm übertragenen Arbeiten im Großen und Ganzen zu unserer Zufriedenheit erledigt.
völlig ungenügend	Er hat sich bemüht, die ihm übertragenen Arbeiten zu unserer Zufriedenheit zu erledigen.

Hat der Mitarbeiter sein Arbeitszeugnis erhalten, ist es nicht sinnvoll, wenn Sie dem neuen Arbeitgeber darüber hinausgehend Auskünfte erteilen. Sie können auch vom Mitarbeiter nicht verlangt werden. Oft führen sie bei einer mündlichen Erörterung zu Missverständnissen und können Ihren früheren Mitarbeiter als Bewerber bei einem neuen Arbeitgeber belasten. Bei rechtswidriger und schuldhafter Verhaltensweise können Sie sogar gegenüber Ihrem ehemaligen Mitarbeiter schadensersatzpflichtig sein, wenn durch Ihre Auskünfte die Neubegründung eines Vertragsverhältnisses unterbleibt. Beweispflichtig hierfür ist freilich der Mitarbeiter.

■ Jedenfalls muss sich eine nachvertragliche Auskunft des Altarbeitgebers an dem von ihm erteilten Zeugnis ausrichten, gegebenenfalls muss er den früheren Arbeitnehmer von der Auskunft und deren Inhalt unterrichten. ■

Weitere Hinweise zur Gestaltung von Zeugnissen sowie zur Verwendung und Bedeutung der Zeugnissprache finden Sie im TaschenGuide „Arbeitszeugnisse – Entschlüsseln und mitgestalten".

Anhang

Die wichtigsten arbeitsrechtlichen Gesetze

Als Führungskraft kommen Sie im betrieblichen Alltag täglich mit dem Arbeitsrecht in Berührung. Das beginnt mit der Überlegung: „Wie gestalte ich neue Arbeitsverträge richtig?" und endet mit der Frage: „Wie werde ich schlechte Mitarbeiter wieder los?" Um hier keine Fehler zu machen, die vermeidbar wären, ist es für Sie auch als Nicht-Jurist wichtig, arbeitsrechtliche Grundsätze und Rechtsquellen zu kennen. Leider gibt es in der Bundesrepublik Deutschland noch kein zusammenhängendes „Gesetzbuch des Arbeitsrechts", das Ihnen diese Aufgabe erleichtern könnte. Das Arbeitsrecht ist vielmehr zersplittert in eine unübersehbare Vielzahl gesetzlicher Regelungen sowie in weiten Teilen geprägt durch richterrechtlich entwickelte Prinzipien. Im Folgenden haben wir deshalb für Sie eine kurze Übersicht über die wichtigsten arbeitsrechtlichen Gesetze und ihren Inhalt zusammengestellt.

Gesetz	**Inhalt**
Altersteilzeitgesetz (ATG)	wirkt der Frühverrentungspraxis entgegen und fördert durch den Einsatz von Altersteilzeitarbeit notwendige betriebliche Personalanpassungsmaßnahmen.
Arbeitsförderung (SGB III)	kodifiziert das Arbeitsförderungsrecht.

Gesetz	Inhalt
Arbeitsgerichtsgesetz (ArbGG)	regelt das Verfahren vor den Arbeitsgerichten.
Arbeitsschutzgesetz (ArbSchG)	dient der Sicherung und Verbesserung von Sicherheit und Gesundheitsschutz der Beschäftigten bei der Arbeit.
Arbeitssicherheitsgesetz (ASiG)	verpflichtet den Arbeitgeber in bestimmten unfallträchtigen Betrieben zur Bestellung von Betriebsärzten und Fachkräften für Arbeitssicherheit.
Arbeitsstättenverordnung (ArbStättV)	enthält Regelungen über die arbeitswissenschaftlichen Erkenntnissen entsprechende Gestaltung von Arbeitsplatz und Arbeitsumgebung.
Arbeitszeitgesetz (ArbZG)	regelt die Höchstdauer der werktäglichen Arbeitszeit und die Arbeit an Sonn- und Feiertagen.
Beschäftigtenschutzgesetz (BSchuG)	verpflichtet den Arbeitgeber zum Schutz der Beschäftigten vor sexueller Belästigung am Arbeitsplatz
Beschäftigungsförderungsgesetz (BeschFG)	erleichtert den Abschluss befristeter Arbeitsverträge und enthält Schutzvorschriften für Teilzeitarbeitnehmer.
Betriebliche Altersversorgung (BetrAVG)	sichert die Anwartschaften des Arbeitnehmers auf Leistungen der betrieblichen Altersversorgung und dient der Insolvenzsicherung von Ruhegeldansprüchen und -anwartschaften.

Gesetz	Inhalt
Betriebsverfassungsgesetz (BetrVG)	regelt die Betriebsverfassung in der Privatwirtschaft und damit die betriebliche Mitbestimmung – insbesondere die des Betriebsrats.
Bildschirmarbeitsverordnung (BildscharbV)	regelt die an Bildschirmarbeitsplätze und die Arbeit hieran zu stellenden Mindestanforderungen.
Bürgerliches Gesetzbuch (BGB)	enthält mit den Regelungen über den Dienstvertrag in den §§ 611 ff. arbeitsrechtliche Grundbestimmungen über Arbeits-, Vergütungs- und Fürsorgepflichten sowie die Beendigung des Arbeitsverhältnisses.
Bundeserziehungsgeldgesetz (BErzGG)	gewährt einen Anspruch auf Erziehungsurlaub bis zur Vollendung des dritten Lebensjahres eines Kindes. Bei Erwerbstätigkeit beider Elternteile kann ihn statt der Mutter der Vater nehmen, um das Kind zu betreuen und zu erziehen. Wer die Aufgabe übernimmt, hat Anspruch auf Erziehungsgeld, das für nach dem 31.12.1992 geborene Kinder bis zur Vollendung des 24. Lebensmonats gewährt wird und im Regelfall monatlich 600 DM beträgt.
Bundesurlaubsgesetz (BUrlG)	gewährt jedem Arbeitnehmer einen Anspruch auf bezahlten Erholungsurlaub.
Entgeltfortzahlungsgesetz (EFZG)	regelt die Fortzahlung des Arbeitsentgelts im Krankheitsfall sowie die Feiertagslohnzahlung.

Gesetz	Inhalt
Kündigungsschutzgesetz (KSchG)	begrenzt die Kündigungsfreiheit des Arbeitgebers.
Mitbestimmungsgesetz (MitbestG)	sichert die unternehmerische Mitbestimmung der Arbeitnehmer.
Nachweisgesetz (NachwG)	verpflichtet den Arbeitgeber zur schriftlichen Fixierung der wesentlichen Vertragsbedingungen.
Mutterschutzgesetz (MuSchG)	gewährt Frauen einen besonderen arbeitsrechtlichen Schutz während der Zeit vor und nach der Entbindung.
Schwerbehindertengesetz (SchwbG)	sichert die Eingliederung Schwerbehinderter in den Arbeitsprozess und enthält Sonderregelungen zu deren Schutz.
Tarifvertragsgesetz (TVG)	regelt Inhalt und Form des Tarifvertrags.

Arbeitsrechtliche Grundbegriffe

Um arbeitsrechtliche Gesetze zu verstehen, sollten Ihnen einige arbeitsrechtliche Grundbegriffe nicht unbekannt sein:

Arbeitnehmer: ist eine natürliche Person, die sich als gewerblicher Arbeiter oder Angestellter auf der Grundlage und im Rahmen einer arbeitsvertraglichen Beziehung verpflichtet hat, einem Arbeitgeber gegenüber in sozialer Abhängigkeit eine weisungsgebundene Tätigkeit auszuüben.

AT-Angestellte: sind Führungskräfte, die übertariflich vergütet werden, weil sie der persönliche Geltungsbereich des Tarifvertrags nicht erfaßt oder die Arbeitsvertragsparteien die übertarifliche Vergütung vereinbart haben.

Außerordentliche Kündigung: setzt das Vorliegen eines wichtigen Grundes voraus, der es dem Kündigenden unzumutbar macht, das Vertragsverhältnis noch bis zum Auslaufen der Kündigungsfrist fortzusetzen. Sie wird meist fristlos, selter mit einer (sozialen) Auslauffrist ausgesprochen.

Betriebsänderung: Maßnahmen, die wesentliche Nachteile für die Belegschaft oder erhebliche Teile der Belegschaft zur Folge haben können. Als Betriebsänderung anzusehen sind beispielsweise die Einschränkung, Stilllegung oder Verlegung ganzer Betriebe oder von wesentlichen Betriebsteilen, der Zusammenschluss oder die Spaltung von Betrieben, grundlegende Änderungen der Betriebsorganisation, des Betriebszwecks oder der Betriebsanlagen sowie die Einführung grundlegend neuer Arbeitsmethoden und Fertigungsverfahren. Die Betriebsänderung zwingt die betrieblichen Sozialpartner grundsätzlich dazu, einen Interessenausgleich zu versuchen sowie einen Sozialplan zu vereinbaren.

Betriebsrat: gewählte Arbeitnehmervertretung in der privaten und dem BetrVG unterworfenen Wirtschaft.

Betriebsvereinbarung: Vertrag zwischen Arbeitgeber und Betriebsrat nach Maßgabe des BetrVG. Betriebsvereinbarungen gelten unmittelbar und zwingend für alle Mitarbeiter eines Betriebs mit Ausnahme der leitenden Angestellten.

Einigungsstelle, betriebliche: ist zuständig vor allem zur Klärung von Regelungsfragen zwischen den betrieblichen Sozialpartnern, wenn in mitbestimmungspflichtigen Angelegenheiten Arbeitgeber und Betriebsrat zu keinem Einvernehmen gelangen können. In diesem Fall ersetzt der Spruch der Einigungsstelle die fehlende Verständigung zwischen Arbeitgeber und Betriebsrat.

Erholungsurlaub: steht jedem Arbeitnehmer nach dem BUrlG und meist ergänzenden kollektiven oder individualrechtlichen Vereinbarungen zu. Kann er im Urlaubsjahr aus dringenden betrieblichen oder persönlichen Gründen nicht gewährt und genommen werden, ist er auf das dem Urlaubsjahr folgende erste Vierteljahr zu übertragen und in dieser Zeit abzuwickeln.

Freier Mitarbeiter: ist eine Person, die nicht in einer weisungsgebundenen, abhängigen Tätigkeit steht.

Interessenausgleich: Kollektivrechtsregelung, die das Ob, Wann und Wie einer Betriebsänderung regelt und dadurch die Belange des Unternehmens und der betreffenden Arbeitnehmer zum Ausgleich bringen soll. Eine Einigung zwischen Unternehmer und Betriebsrat ist auch unter Einschaltung einer betrieblichen Einigungsstelle anzustreben, jedoch nicht erzwingbar.

Kündigung: einseitig empfangsbedürftige Willenserklärung, die bei formeller und sachlicher Rechtfertigung das Vertragsverhältnis beendet.

Kündigungsschutzklage: muss innerhalb von 3 Wochen nach Zugang der Kündigungserklärung vom Arbeitnehmer beim Arbeitsgericht eingereicht werden. Durch sie soll die soziale Rechtfertigung einer Kündigung überprüft werden.

Leistungslohn: Form der Lohngestaltung, bei der das durch Arbeitsintensität und Arbeitswirksamkeit vom Arbeitnehmer bestimmbare und bestimmte Arbeitsergebnis die Höhe des Arbeitsverdienstes kennzeichnet.

Leitende Angestellte im betriebsverfassungsrechtlichen Sinne: sind Führungskräfte, die wegen ihrer Personalverantwortung, Generalvollmacht oder Prokura oder ihrer Aufgaben als Schlüsselkräfte bzw. Leiter von Stabsabteilungen mit eigenverantwortlicher Entscheidungskompetenz oder maßgeblichem Einfluss auf unternehmerische Entscheidungen zum Betriebsrat in funktionellem Gegenbezug stehen. Sie unterliegen nicht den Einwirkungsrechten des Betriebsrats.

Ordentliche Kündigung: in den ersten 6 Monaten eines Arbeitsverhältnisses grundsätzlich ohne rechtfertigenden Grund statthaft. Danach bedarf es nach dem KSchG einer sozialen Rechtfertigung, die in verhaltens-, personen- oder betriebsbedingten Gründen liegen kann. Sowohl Arbeitnehmer als auch Arbeitgeber müssen die individuell geltenden Kündigungsfristen beachten.

Regelungsabrede: formlose betriebliche Verständigung zwischen Arbeitgeber und Betriebsrat, die häufig bei einmaligen Vorgängen als kollektivrechtliches Gestaltungsmittel Anerkennung gefunden hat und nicht den formalen Anforderungen einer Betriebsvereinbarung genügen muss. Sie hat keine unmittelbare und zwingende Wirkung und bedarf deshalb der individualrechtlichen Umsetzung durch den Arbeitgeber, wenn Rechte und Pflichten für die im Betrieb beschäftigten Arbeitnehmer begründet werden sollen.

Sozialplan: Einigung zwischen Unternehmer und Betriebsrat über Ausgleich oder Milderung wirtschaftlicher Nachteile für Arbeitnehmer bei Betriebsänderungen (z. B. Abfindung, Fahrtkostenzuschuss). Er hat die Wirkung einer Betriebsvereinbarung.

Sprecherausschuss: nach dem Sprecherausschussgesetz gewählte Vertretung der leitenden Angestellten im betriebsverfassungsrechtlichen Sinn.